www.ingramcontent.com/pod-product-compliance
Lightning Source LLC
Chambersburg PA
CBHW031319160426
43196CB00007B/587
* 9 7 8 9 1 8 5 9 9 5 1 8 9 *

خاطرات تاج‌السلطنه
(دختر ناصرالدین‌شاهِ قاجار)

به قلمِ خودش

خاطرات تاج‌السلطنه
(دختر ناصرالدین‌شاهِ قاجار)
به‌قلم خودش
ویراستار: ناصر زراعتی

تابستان ۱۳۸۷ [۲۰۰۸]، سوئد
ناشر: خانه هنر و ادبیات (گوتنبرگ)

Digital distribution by:
H&S Media Ltd
London, 2011
www.handsmedia.com

یادداشتِ ویراستار

تاج‌السلطنه دختر ناصرالدین شاه قاجار در سال ۱۳۰۱ هجری قمری، به دنیا آمد. مادر او توران‌السلطنه دخترعموی شاه بود. در حرمسرا، دایه‌ای از کنیزان سیاه دربار او را بزرگ کرد. هفت‌ساله بود که به مکتب فرستادندش. دو سال بیش‌تر به مکتب نرفت. اگرچه عزیزالسلطان، ملیجکِ معروف، دلباخته و خواهان او بود، اما دخترک را به حسن‌خانِ شجاع‌السلطنه، پسر محمد باقر خان سردار اَکرم، شوهر دادند که او نیز کودکی بود همسن و سالِ تاج‌السلطنه. ناصرالدین‌شاه که این دختر زیباروی خود را بسیار دوست می‌داشت، شرط گذاشته بود که تا بیست‌سالگی او را به خانهٔ شوهر نبرند. اما تاج‌السلطنه را پس از ترور ناصرالدین‌شاه، هنگام سلطنت مظفرالدین‌شاه، به خانهٔ شوی فرستادند. این ازدواج ناخواسته، به‌دلایل متعدد، از جمله هوسبازی‌های شوهر، سرانجام به متارکه انجامید.

خاطراتِ تاج‌السلطنه نخستین‌بار به‌کوشش و با مقدمهٔ منصوره اتحادیه (نظام مافی) و سیروس سعدوندیان، در سریِ کتاب‌های

«نشرِ تاریخ ایران»، در آغازِ دههٔ شصت شمسی، در قطع وزیری، در ۱۱۰ صَفحه، در ایران منتشر شد. (تاریخ چاپ دوم این کتاب که ما آن را در اختیار داریم، **۱۳۶۲** است.) این چاپ براساس نسخهٔ دستنویس رحمت‌الله داعی طالقانی، «مُلازم سفارتخانهٔ جلیلهٔ دولتِ عالیهٔ افغانستان» (تحریرشده در سالِ **۱۳۰۳** شمسی) انجام شده است که وی گویا نسخهٔ دستنویسِ تاج‌السلطنه را در اختیار داشته؛ نسخه‌ای که تاکنون یافت نشده است.

تا جایی که اطلاع داریم، بعدها این کتاب به‌کوشش مسعود عرفانیان توسط «نشرِ تاریخ ایرانیان»، در قطع رُقعی، چند بار دیگر نیز در ایران انتشار یافته است و در این سال‌ها، موردِ توجهِ اهلِ پژوهش قرار گرفته و در مورد آن، مطلب‌ها و مقاله‌هایی (البته بیش‌تر در نشریه‌ها و کتاب‌های منتشرشده در بیرون از ایران) نوشته شده است.

مشوق و بانیِ تصحیح، ویرایش و انتشار این متن خانم پروین محمدیان بوده‌اند که دو سال پیش، پیشنهاد دادند خاطرات تاج‌السلطنه را «کتابِ گویا» کنیم.

هنگامِ خواندن و ضبط کتاب، به این نتیجه رسیدیم که بهتر (و لازم) است تمامِ متن ویرایش شود. این پرسش برای ما مطرح بود که به‌دلیل حضور نداشتن نویسنده (که روشن است ویراستار می‌بایست هنگامِ کار، در تمام مراحل، او را در جریان قرار دهد و سرانجام نیز نوشته با تأیید و مطابقِ سلیقهٔ او به چاپ برسد) و نیز دسترسی نداشتن به نسخه یا نسخه‌هایی دیگر از متن اصلی، ویراستار تا چه اندازه در ویرایش چنین متنی، مجاز است به افزایش یا کاهش یا تصحیح واژه‌ها و جمله‌ها؟ در نتیجه، کوشیدیم ضمن حفظ ویژگی‌های شیوهٔ نگارشِ نویسنده و ترکیب‌ها و اصطلاحاتِ خاص آن زمان، نادرستی‌های نوشته را اصلاح، و جمله‌های ناقص را کامل کنیم؛ به‌طوری‌که خواندنِ چنین کتاب جذّاب و زیبایی برای خواننده ایجادِ اِشکال نکند.

به این ترتیب، خاطرات تاج‌السلطنه نخست با صدای خانم محمدیان ضبط شد که به‌شکلِ «کتابِ گویا» در هفت سی.دی، انتشار می‌یابد. و چون در سال‌های اخیر، این کتاب در ایران بازچاپ نشده و احتمال چاپ بدون کاهش و تغییر بعضی بخش‌های آن گویا فعلاً ممکن نیست، خانه هنر و ادبیاتِ گوتنبرگ [در سوئد] تصمیم گرفت متنِ ویرایش‌شده را چاپ کند.

*

تاج‌السلطنه، به‌رغمِ شاهزاده‌خانم بودن و رشد و تربیت در حرمسرای ناصرالدین شاه، از نخستین زنانِ روشن‌اندیش ایران بوده است که به‌درستی او را «فمینیست و سوسیالیست» نیز خوانده‌اند. آشنایی این زن با موسیقی، نقاشی، ادبیات، تاریخ، فلسفه و زبانِ فرانسه از متن این خاطرات، به‌خوبی پیداست. کاش، همان‌طورکه خود هنگامِ نگارش آرزو کرده، می‌توانست همچون ژان ژاک روسو یا ویکتور هوگو بنویسد. تأثیرِ رُمان‌های اواخرِ قرن نوزدهم فرانسه و اروپا در همین خاطرات مشخص است: توصیفِ جُزءبه‌جُزء و دقیقِ مکان‌ها، ماجراها، صورت و سیرتِ آدم‌ها و نیز دقّت در نگارشِ گفت‌وگوها...

تاج‌السلطنه اگرچه گاه به‌دلیلِ دلبستگی فراوان به پدر، دچارِ ذهن‌گرایی و تعصب می‌شود و هنگامِ داوری در موردِ مخالفان شاهِ قاجار، تعصب نشان می‌دهد، اما در نقدِ آداب و رفتار مردسالارانهٔ نزدیکان، و واپس‌ماندگی «برادر تاجدار»ش مظفرالدین‌شاه و نیز حتی انتقاد از خود و دیگر بستگانش، مُنصف و واقع‌بین است.

*

خواننده، هنگامِ به پایان رساندنِ این کتاب، بی‌تردید همچون ما، افسوس خواهد خورد که چرا تاج‌السلطنه ادامهٔ زندگی خود را ننوشته است؟ (البته شاید هم نوشته باشد و ما خبر نداریم.) در آن صورت، شرحِ زندگیِ آزادِ او (که صحنه‌ای از آن را در پیوستِ پایانی،

از دیوانِ عارف قزوینی نقل کرده‌ایم) و نیز حکایتِ فعالیت‌های اجتماعی ـ سیاسی اینِ زنِ جسور و روشنفکر، در سال‌های انقلابِ مشروطه و پس از آن، حتماً خواندنی می‌بود.

ما تاریخ و چگونگی درگذشتِ تاج‌السلطنه را جایی نیافتیم.

ناصر زراعتی
سپتامبر ۲۰۰۸
گوتنبرگَ سوئد

تاریخ حالات ایّام زندگانی خانم تاج‌السلطنه که به‌خط خودشان به‌قید تحریر درآورده‌اند، از روی اصل نسخه استنساخ می‌شود.

مورخهٔ یوم دوشنبه ۱۹ ربیع‌الثانی سنهٔ ۱۳۴۳ قمری، مَطابق ۲۵ عقرب ۱۳۰۳ شمسی.

این خانم دختر مرحوم ناصرالدین‌شاه است.

در شب پنج‌شنبه، روز آخر ماه ربیع‌الاول ۱۳۳۲ هجری قمری، هفتِ دَلو، یک عصری که هوا ابری و تیره و مانند افکار و خیالات خودم محزون و غم‌دیده بود، در اتاق نیمه‌روشنی نشسته، مشغول نقاشی بودم. برف به‌شدّت می‌بارید و هیچ صدایی جز وزش باد شنیده نمی‌شد. سکوت غمناکی سراپای وجودم را احاطه نموده، افزوده بر او، روشنایی قرمزرنگ ملایمی از بخاری ساطع بود.

من تصور نمی‌کردم و فراموش کرده بودم جوان غمناکی را که پشت سر من، در صندلی دسته‌داری فرورفته و با نظر شفقت‌آمیز ملاطفت‌انگیزی بر قلم‌های بی‌اراده و غلطی که روی صورت دختر جوانی که مشغول کشیدن بودم، نگاه کرده و آه‌های پی‌درپی سوزانی می‌کشید.

بالاخره گفت: «شما خیلی زحمت می‌کشید و مغز خودتان را زحمت می‌دهید. خوب است قدری استراحت کنید. هوا هم تیره و نقاشی عجالتاً قدری مشکل است.»

این صدایی که هیچ منتظر شنیدنش نبودم و خود را تنها تصور

می‌کردم، حرکت سریع شدیدی در من تولید کرد و یک‌مرتبه گفتم: «سلیمان! آیا شما این‌جا بودید؟»
خندهٔ غریبی کرد و گفت: «شما به‌واسطهٔ خیالات درهم و برهم و ناملایمی که دارید، همیشه اشخاص حاضر را، حتی خودتان را، فراموش می‌کنید. و من بالاخره از زیادتی فکر بر شما می‌ترسم. خوب است هر وقت گمان می‌کنید فکر خواهید کرد، فوراً خود را به حرف‌های مُفرّح و گردش در خارج و دیدن طبیعت مشغول کرده، از اخبار تاریخ گذشته بخوانید.»
با تبسّم تلخی، بی‌خودانه فریاد زده، گفتم: «ای معلم و پسرعمهٔ عزیز من! درحالتی‌که زمان گذشتهٔ من و زمان حال من یک تاریخ حیرت‌انگیز ملال‌خیزی است، شما تصور می‌کنید من به تاریخ دیگر مشغول بشوم؟! آیا مرور تاریخ شخصی بهترین اشتغال‌ها در عالم نیست؟»
شانهٔ خود را حرکت داده گفت: «تاریخی را که تمام خوب و بد نتایج تجربه‌اش به شخص خود انسان راجع باشد، من تاریخ نمی‌دانم. حقیقتاً اگر تاریخ شما آن‌قدر عجیب و حیرت‌انگیز است، چرا او را به من هم قصه نمی‌کنید تا استفاده ببرم؟»
گفتم: «تاریخ من به‌قدری مهم و به‌قدری دارای وقایع مشکله است که اگر یک سال، تمام ساعات عمرم، برای شما حکایت کنم، تمام نخواهد شد. و به‌قدری گاهی محزون و گاهی مسرور است که اسباب تعجب شنونده خواهد شد.»
با یک حال تجسس و کنجکاوی گفت: «بَه‌بَه! واقع، مطایبه یا شوخی می‌کنید؟»
ولی فوراً علایم راستی و جدیتی در بشرهٔ من ملاحظه نمود که آن حال شوخی و استهزاء را فراموش کرده، متفکرانه گفت: «خانم! آیا امکان دارد برای من شرحِ‌حال خود را نقل کنید؟»
گفتم: «خیر!»

به‌طور رَجاء، خواهش کرد و باکمال جدّیت از من خواست که برای ایشان بگویم. هرچه من امتناع نمودم، او اصرار کرد.
بالاخره گفتم: «حالِ تقریر ندارم، لیکن به شما قول می‌دهم که تمام سرگذشت تاریخ خود را برای شما تحریر کنم.»
باکمال مسرت، تشکر گفت.

در این‌جا، لازم می‌دانم اول در بارهٔ این معلم خود، بعضی قصه‌ها گفته، ایشان را خوب معرفی کنم. پس از آن، شروع به حکایت نمایم.
این جوان متولد شده است در ۱۱ مُحَرَم ۱۳۰۷. در مدرسه‌های مقدماتی مشغول تحصیل شده، در سنِ ۱۷ سَالگی، در ۱۳۲۴، داخل در «انجمن فقر و عرفان» شده، قریب دو سه سال، در ریاضتِ زحمتِ پیروی عرفا و شُعرا بوده، بعد به مدرسهٔ سیاسی داخل شده، از آن‌جا هم خیلی زود خسته، خارج شده و به مدرسهٔ صنایع مُستظرفه داخل گشته و دو سال است مشغول نقاشی می‌باشد.
از تغییر و تبدیل زندگانی او ما خوب می‌توانیم به اخلاق او پی‌بُرده، بفهمیم که این جوان خیلی مُتلّون بوده و دارای عزم راسخی نبوده است. از قرارِ تحقیق، در سن هجده نوزده، شخص موهومی را در عالم خیال دوست می‌داشته و تمام حرکات دُن‌کیشوتِ معروف را تقلید و تکرار می‌کرده است. بالاخره به آن معشوقهٔ موهوم رسیده و آن معشوقه دربارهٔ این عاشق مجنون خودش بی‌وفایی کرده، پس از زحمات زیادی که به این جوان وارد می‌آوَرَد، بالاخره مسافرت کرده، این معلم عزیز آرتیست مرا به هجران دچار می‌نماید.
در اخلاق او، به‌قدر کفایت گفتم، حالا قدری از شمایل او گفت‌وگو کنم:
صورت دلچسب نجیب مطبوعی با چشم‌های درشت سیاه دارد. بَشَره متفکر و غمناک، گونه‌ها فرورفته، رنگِ چهره تقریباً زرد، دماغی

مانند منقار عقاب. (و در دیدن او، همیشه من به‌خاطر می‌آورم زمانی که تاریخ فرانسه را می‌خواندم، در آن‌جا از فامیلِ پرنس دوکنده هر وقت مذاکره می‌شد، دماغ‌های آن‌ها را تشبیه به منقار عقاب می‌نمودند.) خیلی ملایم و آرام. با زیردستان، متواضع و فروتن. با همسالانِ داخل در عرفان، خیلی خوش‌مَشرَب. عاقل. این است صورت و سیرت معلم من.

حال، سرگذشت و تاریخ زندگانی خود را شروع می‌نمایم و این جوان عجیب را ابدی ممنون می‌سازم. درضمن، مروری به گذشتهٔ خود نموده، زحمات خود را و نیک‌بختی و سعادت خود را به‌خاطر می‌آورم.

***

من در اواخر سال یک‌هزار و سیصد و یک هجری قَمَری، در سَرای سلطنتی متولد شدم. مادرم از فامیل خودم و دخترعموی پدرم بود. وقتی متولد شدم، او خیلی جوان و خوش‌صورت و دارای صفات حَمیده بوده است؛ ازجمله بی‌نهایت مذهبی و معتقد به عقاید دینیه، بلکه تمام ساعات عمر، مشغول به خدا و نماز آیات و تَلاوتِ کُتُبِ مقدسه.

اما این تنها کفایت نمی‌کند برای این‌که همان‌طور که شاهزاده‌خانم خوبی باشند، مادر خوبی هم بوده باشند. زیرا در مادر چیزهایی که لازم است داشته باشیم در ایشان نبود. نه این‌که خدای نخواسته، من در این‌جا مادر مقدس محترمهٔ خود را تکذیب نمایم؛ نه! ایشان صاحب‌تقصیر نبودند، بلکه عادات و اخلاق مملکتی را باید در این‌جا ملامت نمایم که راه سعادت را به‌روی تمام زن‌ها مسدود نموده و این بیچارگان را در منتهای جهل و بی‌اطلاعی نگاه داشته‌اند. و تمام عیوب و مفاسد اخلاقیه به‌واسطهٔ عدم علم و اطلاع زن‌ها در این مملکت تولید و نشر داده شده است.

اگر ما به‌نظر دقّت و عقل بنگریم، خواهیم دید که تمام اختراعات

جدیده و کشفیات عالی بزرگ حَمیده و اطلاعات تجارتی و سیاسی و حَربیه از مادر متولد شده است. زیرا تمام اشخاصی که مؤسسِ کارهای بزرگ تاریخ بوده‌اند، اولاد مادرهایی بوده‌اند که در ظلِّ حمایت و توجه مادران باعلم و پدران تجددپرورِ بااطلاع پرورش یافته و به‌این واسطه، در صنایع و اختراعات، پیش‌قدم و به عالم تمدن خدمتگزار واقعی بوده‌اند. همین‌طور جنگجویان حقیقی و استقلال‌طلبان واقعی و آزادی‌خواهان صمیمی از مادر متولد شده‌اند و تحت تربیت مادران، قابل نشو و نما بوده‌اند. مثل این‌که طایفهٔ اِسپارت باکمالِ سبعیّت و وحشیگری، به‌قدری اولادانِ خوب و جَنگجو تربیت می‌نموده‌اند که سال‌ها استقلال خود را محفوظ و پایتخت یونان، آتن، را خراب و ویران نموده‌اند.
از جمله، پسری از جنگ مراجعت کرده و به مادرش می‌گوید: «شمشیر من کوتاه است.»
مادرش باکمال ملایمت به او می‌گوید: «عزیز من! قدمی جلوتر بگذار.»
و دیگر در ابتدای استقلال روم، از اهالی گُل به رومانیان حمله بُرده و جنگ عظیمی نمودند. پس از مدتی، کار به صلح انجامید و برای استحکام صلح، از طایفهٔ رومانی گِرو خواسته، چندین نفر را به‌رَسم گِرو دادند. ازجمله دختری بود که موقع استنطاق از بعضی مسائلَ پولیتیکه که به‌عقیدهٔ آن دختر گفتنش باعث تخریب و عدم استقلال رومان‌ها بود، زبان خود را جویده و نصف نمود و به‌روی سلطان انداخت و خود را به رودخانه افکنده، با زحمتی به طایفهٔ خود رساند.
آری، مادر خوب است که مُربّی اخلاق است؛ مادر باعلم است که دارای اولاد باافتخار است. و باز همین مادرها هستند که امروز، ما را دچار یک نوع بدبختی و غفلت استقلال‌شکنانه‌ای نموده، در اَسفَل‌السافلین دچار و سرگردان نموده‌اند و به‌کلّی آن احساسات

وطن‌پرستانه و آن جدّیت تجددپرورانهٔ باشرفانه را از بَدوِ طفولیّت، می‌رانده‌اند؛ و جُز خورد و خواب و اخلاق بد و تن‌پروریِ چیزی به ما نیاموخته‌اند.

فرق است میان آن که یارش در بَر
با آن‌که دو چشم انتظارش بر در

فرق است بین آن‌چه در طفولیّت به شخص القاء بشود، تا آن‌که پس از فراگرفتن خرافات و حرکات نالایق، در عینِ شباب خودآرایی نموده، تقلید از همسایگان نماید. هرچند اَنسان عاقل باشد، امکان‌پذیر نیست چیزهایی که در طفولیّت تحصیل نموده، از خود دور کند. و اگر هم بخواهد همرنگ جماعت بشود، صورت است، سیرت نیست.
پس، اول‌باب سعادت از مادر به‌روی اولاد گشوده می‌شود. و بدبختانه این باب سعادت به‌روی من مسدود بود و تمام بدبختی‌های عظیم دورهٔ عمرم از این‌جا شروع شد.
دایه‌ای از اواسط‌الناس برای من مُعیّن شد؛ دَده و ننه هم از همان قِسم. و این دَده مخصوصاً باید سیاه باشد، زیرا بزرگی و بزرگواری آن عصر مَنوط به این بود که بندگانی که خدا ابداً فرق نگذاشته، الا تغییرِ جلد ـ و اگر به‌نظرِ انصاف بنگریم، در درگاه پروردگار، سیاه و سَفیدی منظور نیستَ ـ بیچاره‌ها را اسیر و ذلیل نموده و اسباب بزرگی و احتشام خود قرار داده، و زرخرید گویند. مثل بهائم، این بیچاره‌ها را با پول، بیع و شری نمایند. و چون سرای سلطنتی بود و مادر من در این حرمسرا محترم بود و پدرِ مادرِ من چند سال به حکومت کرمان و بلوچستان مفتخر و سرافراز بود، بدین‌جهت از این دَده‌ها، بنده‌ها و زرخریدها در منزل ما به‌وفور بود. پس، از همین جنس، یک دَدهٔ دیگرِ گهواره‌جُنبان هم برای ما مُعیّن و معلوم شد.

اتاق‌دار، صندوق‌دار و رخت‌شوی هم باز از همین جنس بودند.
از آن‌جا که به این طایفهٔ بدبخت همیشه به‌نظر حقارت نگاه کرده‌اند و با بهائم و وُحوش فرقی نگذاشته‌اند، این بیچارگان در وادی جهل، نشو و نما یافته و واقعاً هِرّ را از برّ تمیز نمی‌دهند؛ چه رسد به اجرای قوانین و رسومات متمدنه.
این‌ها بودند اشخاصی که باید مرا بزرگ و تربیت نمایند؛ به‌اضافهٔ خواجه‌باشی هم که از همین جنس بود. و تکلیف این خواجه‌باشی هم این بود که مردم را به تعظیم و تکریم این بچهٔ شیرخواره اَمر نموده، اگر کسی برحسبِ اتفاق ملتفت ادای وظیفه نمی‌شد، با چوب‌دست باید از قرارِ مقدور بکوبد.
این‌ها بودند اشخاصی که باید در تحت حمایت و پرستاری خودشان، منِ بیچاره را بزرگ نمایند. و من ناچار باید مُربّای این مُربّی‌های مَخصوص شده، مَرغوب واقع شوم!
نظر به احترامات سلطنتی و توسعهٔ جا و مکان، منزل من و اتباع من دور و جدا از منزل مادرم بود. روزی دو مرتبه، با اجازه، مرا به‌حضور مادر محترمه‌ام بُرده و پس از ساعتی، دوباره مراجعتم می‌دادند. تا این‌که کم‌کم بزرگ شده، راه افتادم.
زمان طفولیّت را که به‌خاطر ندارم، ولی از آن‌جا که بچهٔ باهوش و زرنگی بودم، از سن پنج‌سالگی همه‌چیز را خوب به‌خاطر دارم. مخصوصاً وقتی می‌فهمیدم، دایه و ننه و ددهٔ خود را خیلی دوست می‌داشتم؛ مخصوصاً ددهٔ خود را.
در این‌جا، لازم است شرحی از صورت و شمایل او بنگارم تا در نظر خوانندگان، این شخصه معروف باشد. چون خیلی در تربیت و تهذیب اخلاق من مُجدّ بود.
این زنی بود میانهٔ چهل، چهل و پنج سال. چهرهٔ خیلی سیاه، چشم‌های درشت، قدّ متوسط. خیلی کم‌تر صحبت می‌کرد و اگر نُدرتاً صحبت می‌نمود، خیلی خشن و درشت. این ددهٔ عزیز من مادر

مرا هم بزرگ نموده و به‌اصطلاح «دده‌خانمی» را به ارث بُرده بود. خیلی باقدرت و مُسلط؛ و تمام اغذیه، اَشربه، مأکول، مشروب‌خانه و اختیارات تمام به‌دست او. با من خیلی مهربان و دربارهٔ سایرین خیلی غیور و رسمی بود. مرا چنان به خودش عادت داده بود که باوجود چهرهٔ موحش و هیکل مهیبی که داشت، اگر روزی برحسب اتفاق از من جدا می‌شد، تا شام گریه نموده، به هیچ‌چیز تسلّی پیدا نمی‌کردم و از آغوش او لحظه‌ای دور نشده و به جدایی او به‌هیچ علاجی شکیبا نبودم. و نظر به همین مسأله، من تا حال در چهرهٔ سفید به‌نظرِ تعجب و اِکراه نگریسته و همیشه اشخاص سبزه‌چهره را به‌یادگار ددَهٔ عزیزم دوست می‌دارم.
نظر به اُنس و علاقه‌ای که بین من و دده‌خانم موجود بود، به‌کلّی از مادر عزیز محترمهٔ خود کناره گرفته و اگر او می‌خواست مرا در آغوش گرفته ببوسد، گریه و فغانم بلند می‌شد و فوراً دوان‌دوان خود را به آغوش ددهٔ عزیز می‌کشاندم و همیشه در جیب و دست‌های سیاه پُراعصاب او تجسس می‌نمودم؛ و او همیشه به من تقدیم می‌نمود یک قِسم شیرینی مأکولی که بی‌اندازه دوست داشتم. و خیلی میل داشتم به‌لهجهٔ او صحبت نموده و تمام عادات و حرکات او را پیرو باشم. نظر به همین عقیده، پس از سال‌ها که زندگانی می‌کنم، هنوز هرکس از فامیل دده‌جان را می‌بینم، بی‌نهایت مسرور می‌شوم و با زبان خودشان، خیلی واضح و سلیس، با ایشان تکلّم می‌کنم. و این محبّت دده‌جان یک اتصالِ روحانی معنوی از طرف من به سلسلهٔ دایه همیشه باقی گذاشته است.
معلم من! تعجب نکنید از این‌که تمام عادات و اخلاق زمان طفولیّت خود را برای شما می‌نویسم. چون به شما قول داده‌ام که شرح زندگانی خود را کاملاً بنویسم، این است که از هیچ‌یک از دقایق او غفلت نورزیده، تمام را مجبور به نوشتن هستم. اما ای کاش می‌توانستم تمام این محبّت‌هایی را که نسبت به ددهٔ خود داشتم و در

این‌جا شرح می‌دهم، نسبت به مادر مقدسهٔ خود داشته و در عوض یک سیاه غیرِقابل، از مادر خود قصه می‌نمودم. افسوس که خیالات فاسد و اختراعات غلط و بزرگی‌ها، اُبُهّت‌ها و هنرفروشی‌های بی‌جا، شیرینی محبّت مادر و زمان طفولیّت را به کام من تلخ، و بدبختانه از آغوش مادر قابلِ پرستش دور و جدایم ساخته و من نمی‌توانم برخلاف واقع بنویسم.

از آن چیزهایی که من همیشه عبرت گرفته، حسرت می‌خورم، یکی مسألهٔ شیر است که چرا نباید مادر، خودش اولاد خود را شیر داده، در آغوش رأفت و محبّت بپروراند؟ و چرا باید اولادِ خودش را از خود دور نموده و به‌دست غیر بسپارَد؟ درحالی‌که دایه‌گرفتن برای بچه، باعث انزجار و نفرت اولاد به مادر می‌شود و همین‌طور اولاد را در نظر مادر، غیرمهم و غیرِقابلِ ملاحظه می‌نماید و آن اُنس و علاقهٔ سادگی را مُبدّل به یک رَسمیّتِ غلطی می‌نماید. همین‌طور که منِ بیچاره در بَدوِ طفولیّت، خود را از محبّت مُشتعلهٔ مادری برکنار یافته و به‌کلّی در مقام رسمیّت دیدم. همین خود نکتهٔ بزرگی است برای تهذیب اخلاق و آتیهٔ اولاد. مثل این‌که خود من چهار اولاد دارم و امروز که تمام به‌حدِّ رشد و کمال رسیده‌اند، باوجود این‌که منتهای کوشش را در تحصیل و تربیت ایشان نموده‌ام، معهذا هر چهار، چهار اخلاق متفاوت دارند. و وقتی درست به‌نظر دقت تجسس می‌کنم، می‌بینم متأثرند از اخلاق دایه‌هاشان و ابداً شباهتی به اخلاق من ندارند. و من وجود دایه‌های آن‌ها را در ایشان موجود می‌بینم. و دیگر این‌که اگر من خود، ایشان را شیر داده، بزرگ کرده بودم و آن علاقه و اُنس، توأم با مهر مادری شده بود، هیچ‌وقت ایشان را در سن طفولیّت، تَرک و از پدر ایشان جدا نمی‌شدم؛ وَلو این‌که هزار قِسم زَجر و زحمت دیده و در تمام ساعات عمر، در شکنجه و عذاب می‌بودم.

اگر ما درست به‌نظر دقت بنگریم، اول‌فریضهٔ هر مادری است

که تن‌پروری را کنار گذاشته، اولاد خود را از خود دور و جدا نسازد و باعث خرابی یک خانواده و یک عمر اولادش نشود و بزرگی‌های ظاهری را بر چیزهای طبیعی و معنوی ترجیح ندهد و خود و اولادش را بدبخت نخواهد. از کوزه، بُرون همان تراوَد که در اوست. اول‌فریضهٔ هر مادری تهذیب اخلاق اولاد است و تمام نجاح عمدهٔ عالم از اخلاق گرفته می‌شود. مثل این‌که: در اواخر قرن نوزدهم، یکی از مشاهیر دانشمند فرانسه که در فلسفهٔ اجتماع بشر، نظری دقیق داشت و نوشته‌های او سرمشق رفتار بزرگان و دانایان محسوب می‌گردید، مُسیو ژول سیمون بود. درحالتی‌که نُطق‌های آتشین خُطبا، در پارلمان فرانسه، گوش شنوندگان را خسته می‌کرد و قلم‌های نویسندگان ماهر و روزنامه‌ها مانند نیزهٔ خاراشکاف به‌هم می‌خورد، و ملّت فرانسوی مثل مریضی که در انتخاب نوع دوا و شکل معالجه متحیّر باشد، این مناقشه را تماشا می‌نمود، ژول سیمون به تألیف کتابِ اصلاحِ حقیقی اشتغال داشت.

این هیجان، اینِ جوشِ و خروش برای چه بود؟ برای پیدا کردن راه اصلاح حقیقی. جمعی به تنقیح قانون مملکت معتقد بودند، جماعتی اِنفصال مجالس مذهبی را از حکومت لازم می‌دانستند، برخی در ترویج امور فلاحتی سخن می‌راندند، بعضی افزایش بودجهٔ معارف و تنظیمات داخل آن را خاطرنشانِ مردم می‌کردند، یک‌دسته اشخاص مُجرّب که پیش‌آهنگ آن‌ها مُسیو ژول فِری معروف بود، آبادی و صلاح حال را در زیاد کردن مستعمرات فرانسه تصور می‌کردند.

در اثنای این تصادم افکار، ژول سیمون چه می‌گفت و چه می‌نوشت؟

این است خلاصهٔ آن کتاب مُستطاب:

هر اصلاح‌طلب وطن‌دوستی که می‌خواهد معایب کار را رفع کرده، هیأت جامعهٔ خود را به مراتب کمال برسانَد، باید بداند کلمات

مقدسهٔ آزادی، برابری، برادری و دادگری با آن‌همه تأثیرات دلپذیر که متضمن آن است، وقتی مقرون به فایده می‌شود و نتیجه می‌دهد که اساس آن استوار باشد. فرض کنیم برای یکی از طوایف عالم، قانونی محتوی تمام شرایط آزادی وضع کردیم؛ معنی حُریّت را بر تمام شئون زندگانی آن‌ها حاکم ساختیم؛ حُکام را با مُعاونینِ در سرِ کار و رُقبای خارجی مُقیّد نمودیم. از همهٔ این اقدامات چه نتیجه‌ای به‌دست می‌آید؟ خوشبختی و آبادی. در صورتی که افراد این طایفه از مُقتضیات عصر آگاه باشند، از فراهم آوردن موجبات ترقی و پیشرفت کار غفلت ننمایند، در جادهٔ بی‌غرضی حرکت کنند، به دلالت علم و عمل پیش بروند تا به مقصد برسند. ما از داشتن حُریّت، اُخوّت، مساوات و عدالت وقتی منتفع می‌شویم که صاحب خُلقِ کریم باشیم. تجاربِ تاریخی، اَقوالِ فلاسفه و حُکماءِ نظام، اساسِ هر شریعت و آئینَ به ما می‌فهمانَد که مَکارم اخلاق روحِ کالبدِ نوعِ بشر، قوّتِ معنوی اهلِ عالم و رُکنِ متینِ کلَمهٔ اصلاحاتَ است.

اخلاق کریمه که به نهال‌های نورس شباهت دارد، در دو جا می‌روید. این دو نقطه که محل روییدن آدمیّت است، کجاست؟ خانواده و مدرسه. آری، ریشهٔ صفات حَسَنه و ملکات فاضله، از قبیل راستی و درستی، دلیری، حُبّ وطن، سودای سعی و عمل در این دو جا می‌روید و با مراقبت باغبان مهربان خانه و آموزگار هوشیار مدرسه، نواقص آن تکمیل می‌شود.

این باغبان مهربان خانه کیست؟ مادر. مادر دربارهٔ اولاد، مسؤلیتش چیست؟ تربیت. علم، اطلاع، اصلاحِ ادبی و اجتماعی بر اصلاحِ سیاسی مُقدّم است. خلاف این را کارَ بستن، به آن می‌مانَد که کسَ بنیادِ خانه را محکم نسازد و سقف و ایوانِ او را به نقش و نگار آرایش دهد. چنان‌چه معلوم است، تربیت خانوادگی قبل از تربیت مدرسه شروع می‌شود. در واقع، اولی اساس پیشرفت دوّیمی است.

و این از جملهٔ مُختصات و مواهبی است که خداوند به زنان ارزانی فرموده.
پس، اصلاحات اجتماعی یک قوم، مُبدع سعادتِ یک ملّت، معنی آب‌های شیرین و گوارای زندگانی یک طایفه، امیدِ وصول به کاروانِ تمّدنِ عصرِ حاضر، منوط به اصلاح حال زنان و تربیت آنان است که ایشان اطفال خود را خوب تربیت کرده و گذشته از این که اولاد آن‌ها خوشبخت می‌شوند، خدمت بزرگی هم به عالم تمّدن شده است.

معلم من! شما نباید خسته و کِسِل شوید از این‌که من گاهی از مطلب دور افتاده، بعضی قصه‌های تاریخی ذکر می‌کنم. این نکات تاریخی را بدون اراده ذکر می‌نمایم و خیلی محزون و دلتنگم که چرا همجنس‌های من، یعنی زن‌های ایرانی، حقوق خود را ندانسته و هیچ درصدد تکلیفات انسانی خود برنمی‌آیند و به‌کلّی عاری و باطل، برای انجام هر کاری، در گوشهٔ خانه‌های خود خزیده و تمام ساعات عمر را مشغول کسب اخلاق بد هستند و به‌کلّی از جرگهٔ تمّدن خارج گشته و در وادی بی‌علمی و بی‌اطلاعی سرگردان‌اند.
مثلِ این‌که اغلبِ خانواده‌ها، در امروزی که به یک اندازه‌ای راه ترقّی برای نسوانْ باز شده و می‌توانند دخترها را در مدارس بگذارند و آتیهٔ آن‌ها را به نور علم و کمال روشن نمایند، می‌گویند: «این عیب است برای ما که دختر ما به مدرسه برود!» و باز در یک همچه روزی، آن بیچاره‌ها را در مُغاک هلاک و بدبختی پرورش می‌دهند و غفلت دارند از این‌که این‌ها باید مادرِ اولاد باشند و اولادِ آن‌ها باید تحت حمایت این‌ها تربیت بشوند.
معلم عزیز من! این‌ها خانواده‌هایی هستند که اغلب، شاید به‌تمامی، علم را ننگ و عدمِ علم را افتخار می‌دانند. پُر بی‌حوصله نشوید! از این‌جا دوباره شروعَ به سرگذشت خود می‌نمایم.

اولاً لازم است شرحی از صورت و اخلاق طفولیّت خود بنویسم.
من خیلی باهوش و زرنگ بودم و خداوند تمام بال‌های سعادت را از حیث صورت، به‌روی من گشوده بود. موهای قهوه‌ای مُجعدِ بلندِ مطبوعی داشتم. سرخ و سفید بودم، با چشم‌های سیاهِ درشت و مژه‌های بلند. دماغی خیلی باتناسب و لب و دهن خیلی کوچک، با دندان‌های سفید که جلوهٔ غریبی به لب‌های گلگون من می‌داد. در سرای سلطنتی که نقطهٔ اجتماع زن‌های مُنتخب‌شدهٔ خیلی خوشگل بود، صورتی خوشگل‌تر و مطبوع‌تر از صورت من نبود. درواقع، یک بچهٔ قشنگِ قابلِ‌پرستش بودم. همان‌طور، بازی‌ها و صحبت‌های من، تمام، شیرین و برای ناظرین جالب بود. و یک قبول عامّه‌ای در میان زن‌پدرها و تمام اهل سرای سلطنتی پیدا کرده بودم که تقریباً اسباب زحمت و ناراحتی من شده بود. زیرا موقعی که برای بازی از منزل خارج شده و خیلی دوست داشتم به‌میل خود دوندگی و تفریح نمایم، دقیقه به دقیقه، دچار خانم‌هایی که عبور و مُرور می‌نمودند شده، و آن‌ها برای بوسیدن و نوازش، چند دقیقه مرا معطل کرده و از بازی بازمی‌داشتند. کم‌کم، در مواقعی که دچار این مسأله می‌خواستم بشوم، فرار کرده، باکمال جدّیت مشغول دوندگی شده، خود را به آغوش دده‌جان می‌انداختم. و اگر برحسب اتفاق یکی از این اشخاص مرا عقب کرده، بالاخره می‌بوسید، از شدّتِ غیظ، آن بوسه را پاک کرده و با چشم‌های درشت سیاه خود، یک نظرِ پُرملامت به او می‌انداختم.
از دختران معقول و نجیب، لیکن از اَواسط‌الناس، پنج شش نفر همبازی داشتم. تمام این دختران، سالاً از من بزرگ‌تر بودند، ولی عقلاً خیلی از من کوچک‌تر؛ زیرا اغلب، در بازی‌ها و دوختن پارچه‌ها و آوردن بعضی اشیاء، غلط‌کاری کرده، مرا مُتغیر می‌کردند و من هم با دست‌های کوچک سفید خود، آن‌ها را کتک زده، پس از کتک، با آن‌ها مشغول بازی خود می‌شدم.

در این‌جا، شرحی از صورت و شمایل این همبازی‌های خود به‌طور اختصار می‌نویسم و بعد، شرحی از اتاقِ بازی خود و اشیائی که اسباب اشتغال طفولیّت من بود.

این دخترها تمام، بی‌سواد و بی‌ادب. صحبت‌های آن‌ها خیلی ساده و بازاری. صورتاً، یکی دو تا از آن‌ها مطبوع. یکی از آن‌ها سفید با موهای طلایی و چشم‌های آسمانی‌رنگ، همیشه متفکر و محزون، خیلی بُردبار و حَلیم، خیلی موذی و تفتیش‌کننده. و اغلب، این دخترِ غمناک مشغول آوازه‌خوانی و نغمه‌سرایی بود. یکی از آن‌ها سبزه، با موهای سیاه انبوه، چشم‌هایی درشت و قدری تاب‌دار. خیلی پُرحرف و سبُک. رقاص قابلی و مضحکهٔ عجیبی بود. تمام ساعات عمر مشغول اختراع حرف خنده‌داری یا حرکت لَغوی و اغلب به‌قدری آشوب کرده، می‌خندید که اسباب تغیّر دده‌جان و مورد ملامت و لَعن واقع می‌شد. سایر همبازی‌ها به‌همین قِسم مختلف و متفاوت بودند. ولی هیچ‌یک قابلِ معاشرت یک دختر جوانی نبوده، بلکه دوری از این قِسم معاشرین ضروری بود.

اسباب‌بازی از هر قبیل، هر قِسم، متعدد، برای من فراهم بود. لیکن عشق غریبی به موزیک داشتم و خیلی دوست داشتم تمامِ بازی من با پیانو و اُرگ باشد. تمام روز را مشغول بازی، و عصرها را حسب‌المعمول به حضور اعلی‌حضرتِ تاج‌دار، پدر بزرگوار خود می‌رفتم و اغلب مورد تحسین و تمجید واقع می‌شدم و مرا نوازش می‌کرد و همیشه به من مرحمت می‌نمود؛ یک پول طلایی از جیب خود بیرون می‌آوَرد و مُکرراً می‌فرمود: «این دختر خوشگل است و شبیه شاهزاده‌های فتحعلی‌شاهی است.»

من به‌قدری از پدرم می‌ترسیدم که هر وقت چشمم به او می‌افتاد، بی‌اختیار گریه می‌کردم و هر قدر مرا نوازش می‌کرد، تسلّی پیدا نمی‌کردم. چون من مردی را غیر از پدرم نمی‌دیدم، در نظرم این شخص فوق‌العاده و قابلِ‌ترس می‌آمد. همیشه آن پولی که از

پدرم می گرفتم، باکمال ذوق و شَعَف برای دده‌جان بُرده، با اقسام نوازش‌ها به او می‌دادم. و دده‌جان هم مرا بوسیده، وعده می کرد که یک اسباب‌بازی جدید برای من ابتیاع نماید.

حال، لازم شد شرحی از ترتیب حرمسرای پدرم و عادات و اخلاق آن‌ها برای شما بنویسم. البته در موقع مطالعهٔ این تکه، به من خواهید خندید؛ زیرا شما مرا عالِم می‌دانید، نه دکتر در علم همه‌چیز. و به این که من در این‌جا مجبوراً مهندسی می کنم، به‌نظرِ تعجب خواهید نگریست. اما معلم من! شما خوب باید دانسته باشید که شاگرد شما اطلاعاتش از این‌ها خیلی زیادتر است.

این سرای واقع شده بود در میان شهر که با یک حدودی محدود، و او را اَرک می‌نامیدند. حیاط خیلی بزرگ و وسیعی به‌فُرم صد سال پیش ساخته شده بود. تمام اطراف این عمارت، شرق و غَرب، جنوب و شمالش، ساخته شده بود از اتاق‌های مُتصل به‌هم. و تمام دور این حیاط دومرتبه بود. در وسط این حیاط، عمارتی بود سه‌مرتبه که با یک نردهٔ آهنین آبی‌رنگ از حیاط مُجزا شده بود. در حقیقت، کلاه‌فرنگی قشنگی بود و به انواع و اقسام، به مُدِ امروزه، زینت داده شده بود. این عمارت که آن را «خوابگاه» می‌نامیدند و مخصوصِ پدرم بود، سپرده شده بود به آغانوری‌خانِ خواجه که درواقع معاونِ اعتمادالحَرَم بود. و همین‌طور تمام کلیدهای عمارت سلطنتی و درب‌های حَرَم، از اندرون و بیرون، سپرده به این خواجه بود.

در این‌جا، لازم است شرحی از این خواجه بنویسم. سن او تقریباً چهل، چهره زردرنگ، خیلی کریه و بدصورت، با صوتی ناهنجار. مخصوصاً در مواقعی که به‌اصطلاح «قُرُق» می کرد، صدای او را از مسافت خیلی زیادی می‌شد استماع نمود. همیشه شال سفیدی به‌روی لباس آبی‌رنگ چرک کثیفش بسته و دسته‌کلید خیلی بزرگی را به او آویزان نموده، چوبدست بسیار ضخیمی هم در دست داشت. و خیلی سفّاک و بی‌باک. و با عموم، به یک رسمیّتِ فوق‌العاده رفتار

می‌نمود و مخصوصاً دربِ اندرون به این خواجه سپرده شده بود که باکمالِ دقّت مواظب عابرین بود. هرکس به حرمسرا داخل می‌شد یا خارج می‌گشت، به‌اجازهٔ او بود. حتی خانم‌ها پس از تحصیلِ مُرخصی از اعلی‌حضرتِ سلطان، باید از آغانوری‌خان هم اجازه می‌گرفتند. اگر صلاح نمی‌دید، مرخص نمی‌نمود. تقریباً سی چهل خواجه‌ای که در حرمسرا مستخدم بودند، تمام از طرفِ اعتمادالحَرَم به او سپرده شده بود. در تکالیف خود، خیلی جدّی و سِور بود و بیش از رئیسِ خود سخت‌گیر و مواظب بود. و تمام خانم‌ها به او سپرده شده بودند. سوادِ فارسی نداشت، لیکن فقط قرآن را توانسته بود یاد بگیرد که به‌صوتِ بلند درمواقع بی‌کاری، تلاوت نماید. از نهادِ او چیزِ درستی نمی‌دانم؛ لیکن می‌دانم که دهاتی بوده است. در طفولیّت، او را به حرمسرا می‌آورند و زیرِ دستِ پدرم تربیت شده و در سرای سلطنتی نشو و نما می‌کند. و آن جوهرِ استبداد و سخت‌گیری را از طفولیّت، مَلکهٔ خود می‌سازد. همین استبداد و اخلاقِ جدّی او را به مراتبِ عالیه رسانیده، فرمانفرما می‌سازد. مثلاً اگر کَسی درحالِ نَزع بود و طبیب لازم می‌شد، اگر برحَسَب اتفاق، آغانوری حمام بود، آن مریض باید بمیرد بدونِ طبیب. و امکان نداشت مردی داخلِ حرمسرا شود، جز به‌همراهی او.

باری، این بود کلیددار و نایب‌مَنابِ کُل در حرمسرا و عمارات. عمارات اطراف تقسیم شده بود در میان تمام خانم‌ها که منسوب به سلطان بودند و بعضی حیاط‌های داخل خارج هم داشت که در آن‌ها هم منزل داشتند. تقریباً اعلی‌حضرت پدر تاج‌دار من هشتاد زن و کنیز داشت. هرکدام ده الی بیست کُلفَت و مستخدم داشتند. عدهٔ زن‌های حرمسرا به پانصد، بلکه شش‌صد نفر می‌رسید و همه‌روزه هم یا خانم‌ها یا کلفت‌ها و خدمه‌ها از اقوام و عشایر خود جماعتی را می‌پذیرفتند و هر روز، بالاستمرار، در حرمسرا تقریباً هشت‌صد نُه‌صد نفر زن موجود بود. تمام این خانم‌ها منزل و حقوق و اتباع، از

کلفت و نوکر و تمام لوازم زندگانی در بیرون و اندرون، جداجدا داشتند و خیلی کم‌تر دیده می‌شد دو خانم باهم یک منزل داشته باشند؛ مگر زن‌های تازه که از دهات و اطراف اختیار می‌کردند و به‌دست خانم‌ها می‌سپردند که آداب و رسوم را قدری بفهمند، بعد منزل جداگانه به ایشان می‌دادند.

از میان تمام این خانم‌ها، فقط هفت الی هشت نفر بودند که اولاد داشته، مابقی بدون اولاد بودند. کنیزهای سلطنتی تحت اختیار یک نفر رئیس، در یک حیاط جداگانه منزل می‌نمودند و این کنیزها تمام تُرکمن و کُرد بودند که در وَقَعهٔ تُرکمان، اسیر آورده بودند؛ لیکن تمام خوش‌چهره و قشنگ بودند و به‌اضافهٔ کنیزی، صیغه هم بودند و رئیس این‌ها هم تُرکمان بود و اُقُل‌بَگه‌خانم اسم داشت. خیلی زن کافی عالی تربیت‌شدهٔ خیرخواهی بود و خیلی خوب این کنیزها را اداره نموده بود. مخارج و حقوق این کنیزها تمام در دست خود او بود و هر نفری مقداری برای مخارج اضافه، از دولت دریافت می‌داشتند.

امین‌اقدس هم دستگاه جداگانه داشت و صندوق‌خانهٔ کوچک سلطنتی پیش او بود. و او تَقَرُب یافته بِود به‌واسطهٔ برادرزاده‌ای که داشت، و این شخصهٔ محترمه کُردِ گروسی و از طایفهٔ دهاقین و صحرانشینان بوده، و این خدمتگزار بوده است در پیش جیران که چندی قبل، پیش حضرت سلطان خیلی محترم و عزیزه بوده است. پس از مرگ جیران، دَدهٔ گربه ـ مُلَقَب به ببری‌خان ـ می‌شود و پس از مرگ و مفقود شدن گربه، برادرزادهٔ او که همبازی گربه بوده است، پیش حضرت سلطان تقربی یافته، کم‌کم به‌واسطهٔ آن برادرزاده، این کنیز ترقی کرده، به مقامات عالیهٔ بزرگ می‌رسد.

حال لازم است دربارهٔ این گربهٔ عزیز که باعث ترقی خانوادهٔ امین‌اقدس شد، شرحی برای شما بنویسم.

این سلطان مقتدری که ما او را خوشبخت‌ترین مردمان عصر خودش

می‌دانیم، اگر به‌نظر انصاف نگاه کنیم، فوق‌العاده بدبخت بوده است. زیرا این سلطان خود را مقیّد به دوست داشتن زن‌ها نموده و از این جنس، متعدد در حرمسرای خود جمع نموده بود. و به‌واسطهٔ رَشک و حسدی که در خلقت زن‌ها ودیعهٔ آسمانی است، این سلطانِ به‌این مقتدری نمی‌توانسته است عشق و میل خود را به زن یا اولادِ خود در موقعِ بُروز و ظهور بیاورد، و به‌قدری خود را مغلوب نَفس و هوا و هوسَ ساخته و به‌قدری غرق در تنعمات دنیوی بوده است که اقتدارات سلطنتی را هم فراموش نموده بود. از آن‌جا که هر انسانی یک مخاطب و طرفِ صحبت و یک نفر دوست و مُحّب لازم دارد و این شخص البته باید بر سایرین سرکرده بشود، این سلطان مقتدر مقهور، به‌واسطهٔ ملاحظهٔ زن‌ها، این حیوان را طرفِ عشق و محبت قرار داده، او را بر تمام خانوادهٔ خود ممتاز می‌سازد. عکس این گربه را من در تمام عمارات سلطنتی دیده‌ام؛ گربهٔ بُراقِ اَبلقی بوده با چشم‌های قشنگ و مَلوس. این گربه زینت داده می‌شده به انواع و اقسام چیزهای نفیسِ قیمتی، و پرورش داده می‌شده با غذاهای خیلی عالی، و مثل یک نفَر انسان، مستخدم و مواجب‌بگیر و مواظبت کننده داشته، ازجمله همین امین‌اقدس ددهٔ گربه بوده است.

آه، معلم عزیز من! اشک چشم‌های مرا گرفت و به بدبختی سلاطین رقّت کردم و برای خود غرق اندوه و حُزن شدم و به آن چیزهایی که مردم «خوشبختی» می‌دانند، از سلطنت، عزّت، ثروت، استراحت و جاه‌طلبی، به‌نظر نفرت نگاه کرده، می‌بینم خوشبختی در نوع انسان موجود نیست و اگر هم باشد، به اخلاق و صفات حَمیده و درویشی و عُزلت مَحض است.

در این‌جا، یکی از مقالات آرتور برنُمان به‌خاطرم آمد که می‌نویسد:

خوشبختی چیست؟ چگونه می‌توان آن را به‌دست آورد؟ یا بهترین وسایل برای نگاه‌داری او کدام است؟ این مطلب را انسان از بَدوِ خلقت پرسیده و در تحقیق چگونگی آن رنج‌ها بُرده و فکرها کرده، لیکن تاکنون به تحصیل جواب صحیح موفق نشده است. قبل از آن‌که هیکل بشر به لباس هستی مُلبس شود و نوع انسان روی زمین به‌وجود آید، حیوانات به‌طریقهٔ فطریهٔ خودشان، همین گفت‌وگو را داشته‌اند. بلکه در اوقاتی که شیطان در آسمان‌ها، بر شرایط بندگی قیام می‌نموده، همین فکر او را اذیّت می‌کرده است. این سؤالی است بسیار قدیم که بی‌شک آدم نیز از حوا پرسیده است.

آدم از هر جنس و از هر قبیل که باشد، در این موضوع تأمل می‌کند. اینِ مسأله چندین میلیون سال مطرحِ مذاکراتِ مردم خواهد بود. مثلاً ما گمان می‌کنیم خوشبختی اینَ است که انسان دستمال‌گردن قرمزی بزند و سنجاق الماس برلیانت درشتی بر او نصب کند. مثل این‌که آورین سی‌سال به تجربهٔ حالات هَوام و امتحان طبایع حشرات مشغول بود و خود را خوشبخت گمان می‌کرد. راکفلر سی سال است به تجربهٔ دلارها و جمع‌آوری پول‌های خود اشتغال دارد و این کار را وسیلهٔ سعادتمندی می‌داند. اطفال با داد و فریاد، پیرمردان با سکوت و سکون و آرامی، خودشان را خوشبخت تصور می‌نمایند. یکی به اکتشاف قطب شمال رفته و خود را به انواع مَهالک مُبتلا ساخته، هر لحظه هزار بار مرگ را معاینه می‌بیند و به این خوشبختیِ باگرفتاری خُرسند است. یکی به مهمان‌خانهٔ معتبری رفته، جلوِ میزِ غَذا می‌نشیند و ذائقه را از تناول اطعمهٔ گوناگون محظوظ داشته، میَ‌گوید: «معنی سعادت این است و سعادتمند چنین!»

آنتونیوس سعادت را در عشق، بروتوس در فخر، ژول‌سِزار در جاه‌طلبی تصور می‌نمودند. اولی رسوا، دویمی مکروه، سیومی مطرود، هرسه مقتول می‌شوند.

مارکوس اوریلیوس، امپراتور رومانی، گفته است: «سعادت در

مباحث عقلیه، در تموّل و شهرت، در مُشتَهیّات و لذایذ نَفسانی نیست. پس در کجاست؟ در مُباشرت اعمالی است که عقل مُقتضی آن باشد.»

اکنون دانستم که نیک‌بختی به اختلاف زمان و مکان، اختلاف دارد و آن را با یک حدِّ معیّن و صفت خاصی نمی‌توان توصیف نمود. در این صورت، باید بگوییم شخص عاقل خوشبختی را در انجام کاری می‌داند که فایدهٔ آن به عالم انسانیّت عاید گردد.
مثلاً اگر این پدر تاج‌دار من خود را وقف عالم انسانیّت و ترقی ملّت خود و معارف و صنایع می‌نمود، چقدر بهتر بود تا این‌که مشغول یک حیوانی باشد. و اگر آن‌قدر زن‌ها را دوست نمی‌داشت و آلوده به لذایذ دنیَوی نشده بود، تمام ساعات عمر مشغول سیاست مملکت و ترویج زراعت و فلاحت می‌شد، چقدر امروز به حال ما مفید بود! و در عوض این‌که من در این تاریخ، مجبور شده از گربهٔ او صحبت نمایم، از رعیّت‌پروری، معارف‌طلبی و کارهای عمدهٔ سلطنتی او می‌نوشتم، چقدر باافتخار بود! و اگر می‌توانستم او را در عوضِ «بدبخت»، «خوشبخت» بنگارم، چه میزان در این ساعت، قلبم مسرور بود!
افسوس! ای معلم عزیز من! که در آن عصر و زمان، تمام غرق غفلت بوده و بویی از انسانیّت به مشام‌شان نرسیده و به‌قدری آلوده به رذائل و بدی‌ها بودند که قرن‌ها خرابی به‌یادگار گذاشته‌اند که اصلاح‌پذیر نیست.

در هر حال، ناچار باید دوباره شروع کنم به قصه‌ای که تعجب از حکایتِ گربه ندارد.
پس از این‌که عزّت و سعادت این گربهٔ بیچاره به سرحدّ کمال می‌رسد، خانم‌ها که شوهر عزیز خود را همیشه مشغول به او می‌بینند،

به‌واسطهٔ رَشک و رقابت، به وسایلی که مخصوص زن‌هاست متوسل شده، با پول‌های گزافی که خرج می‌کنند، گربهٔ بدبخت را دزدیده و در چاه عمیقی سرنگون می‌سازند. و این یک دل‌خوشی را هم از پدر تاج‌دار بیچارهٔ من منع می‌نمایند.
در این‌جا لازم است که برای شما بنویسم و در واقع نصیحتی به شما بدهم، و آن این است که شخص حسود همیشه در زحمت و به‌واسطهٔ همین عیب، در تمام دورهٔ زندگانی، محبوس و سرگردان است.
به‌خاطرم آمد در یکی از رُمان‌هایی که خوانده‌ام، قصهٔ دو نفر دوست را می‌نویسد. این‌جا لازم است شرح بدهم.

دو نفر دختری که در طفولیّت باهم در مدرسه دوست و انیس بوده، تقریباً خویشی نزدیکی هم باهم داشته‌اند، به‌عَزم سیاحت به ممالک روسیه می‌روند. این دو دختر هر دو مُتمول و خوشگل بوده‌اند. در یکی از شهرهای قشنگ روسیه اقامت نموده، روزها را در گردش و تفریح، شب‌ها را در تئاترها و باله‌ها می‌گذرانده و به‌قدری باهم متّحد و یگانه بوده‌اند که یک روح در دو بدن. از قضا، یکی از این دخترها به جوان نجیبی عاشق، و آن جوان هم به این دختر مایل می‌شود و قرار ازدواج می‌گذارند. دختر دیگر و دوست صمیمی از این مسأله در دریای رَشک و حسد، غوطه‌ور و در بحر فکرت و اندوه، مُستغرق می‌گردد. تا این‌که قرار مراجعت به وطن خود می‌دهند که در آن‌جا عروسی نمایند. در مراجعت، دختر حسود می‌بیند کار تمام و معشوقه به‌کام آن دیگری شده است. درصدد مسموم کردن جوان برآمده، او را مَسموم می‌نماید. این مرگ ناگهانی باعث سوءِظن اهالی شده و حکومت این دو دختر را دستگیر می‌کند. پس از اِقرار به تقصیر، دختر بیچارهٔ حسود را به حُکمِ قانون، به حبس ابد محکوم می‌نمایند.

حال انصاف بدهید که آیا رَشک و حسد سزاوار انسان است؟ انسانی که اشرف مخلوقات است؛ انسانی که دارای تمام صفات خدایی است. نه! نه!... این نکته نیز فراموش نشود که شخصِ حسود هیچ‌وقت به مقصد نمی‌رسد.

به‌هرجهت، پس از مفقود شدن گربه، حضرت سلطان کمال سختی را می‌نماید، لیکن نتیجه نمی‌گیرد. گربه مفقود و معدوم، و دیگر از عالم ارواح، رجعتش مشکل. پس، این بچه که با گربه همبازی و مأنوس بوده، طرف التفات شاهانه واقع می‌شود و جای گربه را در پیش حضرت سلطان می‌گیرد و مُلقب به مَنیجه یا مَنیجَک [مَلیجَک] می‌شود. همان احترامات و رسومات گربه، بالمُضاعف، در بارهٔ آن طفل اجرا می‌شود.

حال، قدری از نژاد و صورت این کسی که در دورهٔ زندگانی من، اغلب با من تصادف کرده است، برای شما می‌نویسم تا خوب او را بشناسید و اخلاق و صفات حمیدهٔ او را به‌خاطر داشته باشید.

این طفل تقریباً کور، یعنی اتصالِ چشم‌هایش به‌واسطهٔ درد زیاد، سرخ و مکروه بود. باوجود تمام تزئینات سلطنتی و تشریفات درباری، باز زیاد کثیف بود. رنگی سبزه و صورتی غیرمطبوع و قدّی بی‌اندازه کوتاه داشت. و از آن‌جا که طبیعت نخواسته بود این طفلِ عزیز از او گِله‌مند باشد، زبانش هم لال و کلماتش غیرِمفهوم بود. اَبداً تحصیل و سواد نداشت؛ از تربیت و تمّدن اسمی نشنیده بود. بیست سی نفر از بچه‌ها و پسران اواسط‌الناس همبازی و به‌اصطلاح عالی‌تر، غلام‌بچه داشت. تمام ساعات شبانه‌روز مشغول شیطنت و دویدن دور حیاط و اذیّت کردن خانم‌ها و مهمان‌ها بود و ابداً کسی را قدرت چون و چرا و سؤال و جواب نبود. در تابستان، خاک و سنگ حیاط و در زمستان، گلوله‌های برفی را به‌جای دسته‌گُل به خانم‌ها تقدیم می‌نمود و از هیچ حرکت وحشیانه روگردان نبود و دارای اخلاق

رَذیله، حتی قتل. مثل این‌که روزی، برای تفریح و بازی، تفنگ را به‌روی خواجه‌ای خالی کرد که اسم او عبدالله‌خان بود و پای او را مجروح ساخت. آن بیچاره ِهنوز یادگار زمان طفولیّت او را دارد و می‌لنگد. پدر این طفل در گروس، چوپان بوده است.

این است صورت و سیرت و نژاد کسی که از این به بعد، در این تاریخ، مُکرر او را ملاقات خواهم کرد.

هرساله، از ماه اول بهار، اعلی‌حضرت پدرم مسافرت می‌کرد و تمام بهار، تابستان و پاییز را در گردش بود. میل زیادی به شکار و سواری داشت. اول، به سُرخه‌حصار تشریف می‌بُردند برای «آش‌پَزان» که یکی از تفریحات خیلی مطبوع خانم‌ها بود.

اگرچه شما یقیناً تفصیل را می‌دانید، لیکن من در این‌جا، باز برای شما شرح می‌دهم.

در یکی از خیابان‌های مُطول باغ، چادر می‌زدند. عرض و طول این چادر بیست ذرع. در تمام طول چادر، از دوطرف، مجموعه گذاشته که از هر قبیل خوراکی در او موجود بود. تمام اعیان، اشراف و وزرا باید بنشینند و این‌ها را پاک کرده، حاضر نمایند. و پس از حاضر شدن، اول پدرم با دست خودش در ظرف بریزد و بعد باقی را ریخته، مشغول پختن بشوند. در تمام مدتِ طبخ آش، باید مُطرب و رقاص بزنند و انواع بازی‌ها دربیاورَند. و خانم‌ها برای تماشا می‌رفتند. پس از تماشا، مراجعت کرده، آشپزها آمده، قسمت می‌کردند. و این آش یکی از غذاهای لذیذ خیلی مأکولی بود که انسان از خوردنش سیر نمی‌شد.

پس از اتمام آش‌پزان، به سلطنت‌آباد یا به نیاوران رفته، از آن‌جا به‌طرف پُشتکوه تشریف می‌بُردند.

یکی از تفریحات دیگر پدرم اسب‌دوانی بود که هر سال، شبِ عید، اسب‌دوانی می‌کردند. آن‌ها اول برای تفریح بوده است و اخیراً جزوِ

تشریفات سلطنتی شده، باید حتماً اجرا شود؛ مانند بازی پهلوان‌ها که هر سال باید در سردربِ تختِ مرمر، اعلی‌حضرت جلوس نموده و پهلوان‌ها در جلو بازی کرده، کشتی بگیرند. این پهلوان‌ها خالی از تماشا نبودند. در واقع، خیلی اسباب تفریح بود.

از این قِسم تفریحات، در مدت شبانه‌روز، به اقسام مختلف، برای این خانم‌ها موجود بود. و هیچ در عالم خیال نمی‌توان تصور نمود چنین زندگانی آسودهٔ شیرینی برای نوع بشر. جُز آن‌ها، هیچ کدورتی، هیچ زحمتی، هیچ درد و عُقده‌ای در تمام سال، به ملاقات آن‌ها نمی‌رفت. و من یقین دارم اگر کسی از آن‌ها می‌پرسید: «زحمت چیست؟»، با یک تعجب فوق‌العاده، خیره نگاه کرده، در جواب بی‌حرکت مانده، نمی‌فهمیدند چیست. و همین قِسم وقتی ستارهٔ اقبال‌شان غروب کرد و پس از قتل سلطان از سرا خارج شدند، در مدت اندکی، تمام مُردند؛ خیلی کم و به‌نُدرت از آن‌ها باقی ماند.

این‌هایی که برای شما می‌نویسم، قصه‌هایی است که دده‌جان در موقع استراحت، برایم نقل می‌کرد. وقتی من بزرگ شده و تقریباً می‌فهمیدم، این طفل [ملیجک] بزرگ و تقریباً ده دوازده ساله بود.

در این‌جا، لازم است قدری هم از اخلاق و عادات خانم‌ها برای شما بنویسم و بعد قصهٔ خود را شروع نمایم.

این خانم‌ها اغلب، دونفر سه‌نفر، با یکدیگر دوست و رفیق بودند. اغلب روزها را به مهمانی و نوعی بازی می‌گذراندند؛ صورت‌های مختلف اَلوان مضحکی از مقوا درست می‌کردند و با صحبت و خنده، روز را به شام می‌رساندند. و تمام، مذهبی و مقیّد به روزه و نماز بودند. همیشه میل داشتند در تزئین و لباس بر یکدیگر سبقت داشته، خود را فوق‌العاده جلوه داده، جلب نظر شاهانه را بنمایند. عصرها، هر روزه و بالاستمرار، دو سه ساعتی را مشغول توالت و لباس‌های رنگارنگ بوده، خود را مثل ربّ‌النوع‌ها می‌ساخته و به حضور سلطان می‌رفتند. ولی امتیازی مابین هیچ‌کدام در پیشگاه

حضرت سلطان نبود؛ مگر یک‌نفر از آن‌ها که محبوب‌القلوب و بی‌اندازه طرفِ‌توجه بود. زن جوانی بود تقریباً بیست‌ساله، قدبلند با موهای سیاه و بشرهٔ لطیفِ سفید، چشم‌ها بی‌اندازه قشنگ و مخمور، مژه‌ها برگشته و بلند، خیلی خوش‌مشرب، خوش‌سلوک. با تمام مراحم حضرت سلطان، فروتن، مهربان، خیلی ساده و بدون آرایش. پدرش باغبان بود و از تحصیل تمّدن، به‌کلّی عاری.

لازم است این زن را بشناسیم؛ زیرا اشخاص بدخواه و آن‌کسانی که به او رَشک می‌بردند و نمی‌توانستند با او در مقام عِناد برآیند، او را پس از قتل حضرت سلطان، متهم و لکه‌دار نمودند. لیکن من دامن او را از این گناه بَری می‌دانم. زیرا اگر پدرم را دوست نمی‌داشت، اقتدارات شخصی خود را که دوست می‌داشت و هیچ‌وقت راضی به قتل او و تنزل خود نمی‌شد.

خیلی میل داشتم مانند ویکتور هوگو یا مُسیو روسو، مصنفِ قابل باشم و این تاریخ را فوق‌العاده شیرین و مطبوع بنویسم. اما افسوس که جُز به‌احتقار و خیلی ساده نمی‌توانم نوشت.

این بود ترتیبِ حرمسرای حضرتِ سلطان.

حال که ما خوب همه را می‌شناسیم و به اخلاق آن‌ها آشنا هستیم، باز می‌رویم بر سر قصهٔ خود.

در سن هفت‌سالگی، به امر حضرت سلطان، مرا به مکتب‌خانه گذاشته، معلم و لله و خواجه برایم مُعیّن شد.

در این‌جا لازم است که این معلم عزیز زمان طفولیّت مرا بشناسید. مردی بود تقریباً سی‌ساله، با محاسن انبوه و چشم و ابروی درهم‌رفتهٔ سیاه. وطنش گیلان بود و سوادش تقریباً بد نبود. پسرِ قاضی بود و قضاوت را ارث می‌دانسته است. وقتی پدرش می‌میرد، عمویش قضاوت را صاحب شده، این شخص به منزل صدراعظم متحصن می‌آید. او هم برای آن‌که این متحصن بیچاره را از سر خود بازنماید،

برایِ معلمی من انتخاب می‌نماید.
و للّٰه‌جان من از اقوام مادری خودم بود؛ دایی مادربزرگ من. و این دایی‌جان، خان بود و در روزهای سلام، زره کلاه‌خود کرده، پَرِ زرنگاری در دست گرفته، و در محضر حضرت سلطان حاضر می‌شد. و پس از سلام، در خانه نشسته، بی‌کار بود. سن این للّٰه‌جان تقریباً چهل پنجاه سال بود. خیلی موقر، محترم، خیلی مواظب، درست‌کار، با ریش خیلی بلند.
مرا به مکتب‌خانه بُرده، خلعت‌ها داده، جشن‌ها گرفتند. لیکن من خیلی محزون و ملول بودم که آزادی بازی از من سَلب گشته و از اسباب‌بازی‌های قشنگ و عروسک‌های مَلوس خود جدا شده‌ام. اغلبِ روزها را با معلم و لَلهٔ خود قهر بودم و به‌هیچ علاجی درس نمی‌خواندم. مجبوراً دخترهای همبازی را تأدیب کرده، کتک می‌زدند. لیکن اثری در وجود من نداشت. خیلی لجوج و خودسر بودم و اطاعت هیچ‌کس را نمی‌کردم و هرچه را خود میل داشتم می‌کردم. و هیچ به تَشَرها و تأدیب بزرگ‌ترها اعتنا نداشتم. خود را عقلِ کُل و مالک‌الرقاب می‌دانستم، زیرا از وقتی که عقلم می‌رسید و می‌فهمیدم، تمام را جز تعظیم و تکریم و تواضع چیزی ندیده و هرچه خواسته بودم، برایم موجود بود. به‌این‌جهت، طاقت ناملایم را نداشته و خیلی زود از هر چیزی متأثر می‌شدم.
این معلم ناچار از معلمی صرفِ‌نظر نموده، نقال شد. تمام روز را نقل می‌گفت و حکایت می‌کرد و خیلی کمتر به من درس و تعلیم می‌داد. با وجود این، من از هیچ‌گونه اذیّتی دربارهٔ او صرفِ‌نظر نکرده، همیشه آرزو می‌کردم که یا ناخوش بشود یا بمیرد تا من چند روزی آزاد بوده، بازی و شیطنت بنمایم.
از قضا، این معلم جوان و خوش‌بُنیه بود و هیچ‌وقت ناخوش نمی‌شد. تا این‌که یک روز جمعه، به غلام‌بچه‌های همبازی خود گفتم: «اگر شما کاری بکنید که معلم ما چند روزی بستری و ناخوش بشود، من

به شما از اسباب‌بازی‌های خود یک قسمت عمده خواهم داد.» این‌ها هم قبول کردند و قرار دادند که تدبیری کرده، او را اذیّت کنند. از قضا، در شنبه که ما به مکتب‌خانه رفتیم، یکی از غلام‌بچه‌ها که عباس‌خان نام داشت، باروت زیادی گرفته در زیر معلم تا درِ اتاق، فتیله گذاشت. وقتی خواستیم برای ناهار مرخص شویم، سرِ فتیله را آتش می‌زند. معلم بیچارهٔ از همه‌جا بی‌اطلاع، دوباره رویِ تُشکِ خود می‌نشیند، که ناگاه باروت آتش گرفته، تمامِ لباس و از کمر به بعدِ معلم بیچاره می‌سوزد.

عصر را تعطیل کردند و ما تقریباً یک هفته از درس خواندن آزاد بودیم. ولی بعد فهمیدند که این‌کار را به امر من کرده‌اند. تقریباً چهار چوب کف دست من زدند. و به‌واسطهٔ همان چوب‌ها، دیگر مرتکب بی‌احترامی نسبت به معلم خود نشدم. و چون تا آن زمان کتک نخورده بودم، به‌واسطهٔ آن چوب‌ها، تقریباً یک هفته ناخوش و بستری بودم.

تمام روزهای تعطیل را باکمال بی‌اعتنائی مشغول بازی بودم و ابداً خود را حاضر نمی‌کردم برای یادگرفتن آن‌چه معلم می‌گفت.

یک سال به‌همین منوال گذشت و تمام ترتیب تحصیل من از همین قرار بود. و اگر به‌نظر انصاف بنگریم، معلم هم زیادتر از این‌که می‌آموخت، بلد نبود؛ مقصودش امر معاش و گذران زندگی بود. آه و افسوس که من بیچاره، از نداشتن یک معلم خوب بافهمی، از ترقیّات دورهٔ زندگانی محروم بودم و امروز خوب می‌بینم که شخص بی‌سواد از جماد پست‌تر است.

آدمی را علم باید در وجود
ورنه جان در کالبد دارد جماد

پیش‌رفتن یعنی نزدیک‌شدن به حقیقت و نیک‌بختی. همان‌طور که

آگاهی یافتن به تمام حقایقِ اشیاء از استعداد بشریّت خارج است، به‌دست آوردن نیک‌بختی کامل نیز به‌اندازه‌ای دشوار است که انسان غالباً وجود آن را انکار می‌نماید. اما با همهٔ این‌ها، انسان می‌تواند تا درجه‌ای به فهمیدنِ حقیقت و به‌دست آوردن سعادت نایل بشود. قانونِ خلقت ما را از درک معانی بسی چیزها محروم نموده. ما هم به این محرومیّت اضطراری، یک محرومیّت اجباری علاوه نموده‌ایم؛ چیزی را که می‌توانیم بفهمیم، نمی‌فهمیم. آن مقدار راحت و سعادتی را که ممکن است مالک بشویم، از دست می‌دهیم. برای چه؟ برای نداشتن راهنمایی که آن را «علم» نام نهاده‌اند.

انسان با این تنهٔ ضعیف، نه تنها حیوانات درندهٔ قوی‌هیکل را زبونِ پنجهٔ قهر و غلبه می‌دارد، بلکه به طبیعت غالب آمده، خشکی را به دریا، دریا را به خشکی تبدیل نموده، از روی امواج خروشان بحار محیطه، از تونل‌های سهمگین کوه‌های بلند می‌گذرد. عرض و طول کرهٔ زمین به‌این عظمت را با قوهٔ قادرهٔ برق و بخار می‌پیماید. ماهیّت مواد سطح خاک، جسامت و حرکت ستارگان افلاک را می‌فهمد. بدایع اسرار آفرینش را درک کرده، وسایل تنعم نوع خود را مهیّا می‌نماید. این قوّتِ فوق‌العاده که شامل سعادت و ضامن حُسن اتصال است، از کجاست؟ بی‌شبهه از علم است. قدرت، ثروت، افکار عالیه، اخلاق حمیده، ترقیّات گوناگون، همهٔ این‌ها از نتایج علم است. و ما به‌این نسبت می‌توانیم ترقی را مُترادف علم فرض کنیم.

اما افسوس و باز هزار افسوس که در آن تاریخ، باب علم به‌روی نسوان از هرجهت بسته بود و ابداً راهنما و معلمی از برای خود موجود نمی‌دیدند. و به‌همین واسطه، تحصیل من خیلی کم و بالاخره هیچ بود، و این حرمان ابدی با من انیس و جلیس.

هنگامی که بیزمارک از پاریس برمی‌گشت، می‌گفت آن‌همه فتوحاتِ نمایان را با خود می‌بَرَد. در یکی از مجالس به حاضرین

گفت: «ما با معلم مدرسه، به فرانسه غلبه کردیم.»
دانشمندی بر این سخن اعتراض کرده، می گوید: «تأثیر استاد و آموزگار در تربیت اطفال و تقویّت صفات آنان محقَق است.»
اما بیزمارک یک قوهٔ معنوی را فراموش کرده و متذکر نشده، و آن تأثیر مادر است. بچه در صورتی از معلم بهره می‌بَرَد که تربیت خانوادگی او درست باشد. طفلی که اخلاق و عادات وی رو به فساد گذاشت، اطوار و حرکات ناشایست کرد و در لوح خاطرش نقش بست، وقتی به معلم سپرده شد، معلم به او چه می‌تواند بکند؟
همین‌طور من در این‌جا معلم خود را بی‌خود تکذیب می‌نمایم. فرضاً افلاتون و ارسطو را به‌جای معلم گیلانی من می‌آوردند. با آن اخلاق بد و خودسری و عدم‌اعتناءِ من، چه می‌توانست کرد؟ و البته اگر می‌خواست به‌درشتی و ضخامت و ترس مرا مطیع نماید، دده‌جان راضی نشده، معلم را منع می‌کرد.
بدین منوال، یک سال درس خواندم تا سنّم به هشت‌سالگی رسید.
اغلب می‌شنیدم که دده‌جان، عمه‌جان و ننه‌جان از عروسی من صحبت می‌کنند و مایل هستند که خیلی زود مرا به شوهر داده، خلعت‌ها بگیرند و شیرینی‌ها بخورند. من‌هم بی‌اندازه خوش‌وقت می‌شدم که دارای یک آزادی کامل و یک خانهٔ علیحدّه باشم. اغلب عوض قصه و حکایت، صحبت عروسی بود و دستورِالعمل زندگی آتیه. و من‌هم با یک دقتی گوش کرده، خوب در مُخیلهٔ خود ثبت و ضبط می‌نمودم. مثلاً ازجمله به‌قدری شوهر آتیهٔ مرا در نظرم پست کرده بودند و مرا نسبت به او غالب و قاهر، که اغلب در عالم خیال، شکنجه‌ها و عذاب‌ها و تحکّم‌های گوناگون برای آن بیچاره فکر کرده، این را یک‌نوع بازی و اسباب تفریح برای خود می‌دانستم. تا این که بدبختانه، آمد به سرم از آن‌چه می‌ترسیدم.
سال گذشته، مادر من دارای یک پسر شده بود. این پسر خیلی لطیف، خوشگل، با موهای مجعد سیاه و خیلی طرف مهر و محبّت مادرم

بود. از آن‌جا که من نسبت به مادرم خیلی بداخلاق بودم و اغلب به دده‌جان مهر می‌ورزیدم، چندان مطبوع طبع مادر عزیز نشده و دیگر این‌که به‌واسطهٔ پیش‌بینی‌های عجیب و آمال و آرزوهای خیلی بزرگ دور، پسر را بر من مُقدّم می‌داشته، ولی نه در ظاهر، بلکه باطناً. لیکن من به‌قدری باهوش و دقیق بودم که ابداً نمی‌توانستند نکته‌ای را از نظر من مَستور بدارند. نظر به این ترجیح، من از مادر خود بیش‌تر فراری و دلتنگ شدم. گاهی به‌قدری محزون می‌شدم که خود را بدبخت‌ترین نوع بشر تصور می‌کردم. و از همان وقت، من یک قساوت قلب فوق‌العاده پیدا کرده، زندگانی را با یک حالِ مجنونانه‌ای شروع نمودم. همین حال باعث این شده بود که از دده و عمهٔ عزیز خودم هم به یک اندازه منصرف و همیشه سرافکنده و مَهموم شده باشم.

نمی‌دانستم و نمی‌شناختم حسد را، بلکه این کلمه بر من مجهول بود. وقتی مادرم برادرم را می‌بوسد و نوازش می‌کند، قلبم مرتعش و یک عرق سردی پیشانیم را نمناک می‌نماید. و به‌همین جهت من با خود عهد و پیمان کرده بودم ابداً احدی را دوست نداشته، با نوع بشر خیلی بدرفتار باشم. و از قضا، تا حال همین عقیدهٔ من باقی مانده و اغلب اوقات، بی‌خود دوستان خود را اذیّت داده، زحمت وارد می‌آورم. ولی وقتی فکر می‌کنم، می‌بینم جهتی نداشته و عداوتی در میان نبوده، مگر همان لجاجت و عنادی که به قلب من از طفولیّت وارد شده بوده است. این است که شخص از طفولیّت باید دارای هر چیزی بشود و چیزهایی را که برای یک نفر انسان متمدن لازم است، از زمان طفولیّت اخذ نماید.

در همین اوقات بود که برای من خواستگارهای فراوان آمد و شد می‌کردند. لیکن پدرم رضا نمی‌شد و می‌گفت: «این بچه است و قابلِ شوهر نیست!» اما به‌واسطهٔ نفرت مادرم، هنوز اظهار نکرده بود. تا این‌که یک روز صبح که در حضور پدرم بودم و جمع کثیری از

خانم‌ها ایستاده بودند، چند مجموعه روی سر خواجه‌ها به حضور آوردند. پس از برداشتن روی مجموعه‌ها، اسباب‌بازی‌های گران‌بها و جواهرات قیمتی خیلی اعلا نمایان شد. تمام متعجب که این‌ها مال کیست و برای چیست؟

پس از ساعتی سکوت، فرمودند: «عزیز! این‌ها مال توست و به هریک از این دخترها می‌دهی، بده!»

قبلاً به او سپرده بودند که مرا نامزد نمایند. لیکن یکی از همشیره‌هایم که از من تقریباً دو سال بزرگ‌تر بود، داوطلب عروسی با عزیز شده و مادرش قبلاً خواجه‌ددهٔ این طفل را به وعده و وَعید، پارتی خود نموده، راضی کرده بود به این‌که او را نامزد نمایند و این طفل هم قبول کرده بود.

به‌محض فرمایش پدر محترمم، آن بچه انگشتری را برداشته به دست خواهرم کرد و گفت: «قُرُقُرُق... قُربان! ای‌ای‌ای... این دُدُ... دختر، نانانا... نامزدِ من!»

پدرم طفل را در آغوش گرفته و گفت: «عزیزِ من! نامزدِ تو این دختر است و میلِ من بر این، و تو باید او را داشته باشی.»

طفل با همان لکنت زبان گفت: «ب‌ب‌ب... بسیار خوب!»

مادرم حضور داشت. فریاد زد و گفت: «آه! من دختر خود را مسموم و از حیات عاری می‌نمایم و به‌هیچ‌وجه راضی به این داماد نمی‌شوم. آیا حیف نیست دختر مطبوع مرا به این طفل بدهید؟ در حالتی که پدر و مادرش معلوم، و قیافه و هیکلش اسباب نفرت است؟»

معلوم است این سخن درشت دربارهٔ عزیز، در پدرم چه اثری نمود. مانند رعد غرّید و فریاد زد: «چه گفتی؟ آیا میل مرگ داری؟ آیا اختیار دختر من دست توست؟»

هنگامه‌ای برپا شد و مادرِ مرا با زحمتی از نظر او مخفی نموده و من به‌جای خود خشک شده بودم.

با این وضع، برای شما می‌نویسم که خیلی میل داشتم مادرم ممانعت

نکند و واقع، مرا به او بدهند. نه این‌که مفهوم شوهر چه، یا آن‌که می‌فهمیدم معنی محبّت چیست؛ همین‌قدر می‌فهمیدم که اگر شوهر کنم، از منزل مادرم خارج شده، نوازشات او را به برادرم نمی‌بینم. و گذشته از این‌ها، عروسک‌های خیلی قشنگی که در مجموعه بود، به‌هیچ علاجی من میل مُتارکهٔ آن‌ها را نداشتم و خیلی دلم می‌خواست همان ساعت، آن اسباب‌بازی‌ها را به من بدهند و من دویده، به اتاق بازی خود داخل شوم و آن‌ها را خُرد و پاره پاره نمایم.

تعرض مادر من طفل را جَری کرد و گفت: «مَـ..مَـ..مَـ.. من همون خا...خا...خا... خانم را می...می... می‌خوام! من ایـ.. ایـ.. این خانم نـ..نـ..نـ.. نمی‌خوام!»

همه گفتند: «مبارک است!»

تقریباً نامزدکنان شد و عروسک‌ها و جواهرات را خواجه‌ها به منزل خواهرم بردند. و من متغیّر و دلتنگ به منزل آمدم.

به‌محض ورود، مادرم مرا صدا کرده گفت: «چرا آمدی؟ برای چه مراجعت کردی؟ برو پیش پدرت؛ یا اگر میل داری در منزل من باشی، دیگر پیش پدرت نرو!»

من گریه‌کنان به اتاق خود آمده، خود را انداخته، گریه می‌کردم. خواب بر من غلبه کرده، خوابیدم.

در عالم خواب، دیدم صحرای وسیعی را که در او، انواع و اقسام اشخاص مختلف در گردش و تفرّج هستند و من‌هم غرق جواهر و لباس‌های فاخر، مشغول گردش. کم‌کم این مردم به من هجوم آورده، تمام زینت‌ها و جواهرات مرا یک‌یک برداشته، مرا عریان گذاشتند و من مانند کبوتر مظلومی که در چنگ شاهین گرفتار شده باشد، در دست این مردم اسیر بودم. بال و پر مرا یک‌یک کشیده، بردند.

از وحشت، از خواب بیدار شده، دوباره شروع به گریه کردم.

دده‌جانم وارد اتاق شد و مرا گریان دید. بی‌اندازه متأثر شده، مرا در آغوش گرفته، بوسید و سبب گریه را سؤال کرد.

من واقعه و تغیّر مادر و خواب خود را برای او شرح دادم.

ناله‌ای کرده، گفت: «برای سعادت و خوشبختی، همین‌که شخص دارای مقام عالیه و رُتبهٔ سلطنت باشد و به‌این اندازه خوشگل و مطبوع، کفایت نمی‌کند. برای صحّت، بودنِ بسی چیزها لازم است که اگر زنده ماندم، به تو خواهم آموخت.»

و به‌هزار زحمت، مرا تسلّی داده، مشغول بازی نمود. من‌هم به‌کلّی این واقعه را فراموش کردم.

من تعبیر این خواب و معنی حرف دده‌جان را پس از چند سال دیگر فهمیدم، که به‌موقع به شما خواهم گفت.

در همین روزها، کلیددارباشی خراسان به خواستگاری فرستاده، قرعه به نام من بی‌نوا درآمده بود و تقریباً پدر و مادرم هم راضی شده، چیزی نمانده بود که ما را عروس کرده و به خراسان ببرند. لیکن من پس از فهم، شروع به گریه‌زاری کرده و جدایی از بستگان و پدر و مادرم را برای خود هموار نکرده، درخواست نمودم که مرا شوهر ندهند. درخواست من پذیرفته شد و او را رد کردند.

پس از آن، یکی از زن‌پدرهای محترم من که شاهزاده و منسوب به خانوادهٔ سلطنتی بود، مرا برای برادرزاده‌اش خواستگاری نمود. از آن‌جا که در آن زمان، چندان از مال دنیایی بهره‌ای نداشته، مصدر کارهای بزرگ نبودند، مادر من راضی نشد و قبول ننمود.

همین قِسم، هر روزه صبح، شوهری برای ما معلوم، عصرش معدوم می‌شد. تا این‌که روزی، از منزل انیس‌الدوله که یکی از زن‌های محترم پدرم بود، آمده مرا از طرف او احضار نمودند.

حال لازم است شرحی در باب این خانم محترم برای شما بنویسم.

این خانم دهقان‌زاده و از بلوکات عَمامه بود. در یک سالی که پدر من به آن‌طرف‌ها مسافرت می‌نماید، این دختر را در صحرا دیده، از

او بعضی سؤالات می‌نماید. و آن دختر تمام را جواب‌های دلکش مطبوع می‌دهد و طرفِ مهر پدرم واقع می‌شود. او را به حَرَم می‌آوَرَد و به‌دستِ همان جیرانی که در پیش مذاکره‌اش را کردم، می‌سپارد. پس از مرگ جیران، خانه و اثاثهٔ او را به این دختر داده و به‌جای او، خیلی محترم و مطبوع بود. این زن به‌قدری عاقله و بااخلاق بود که باوجود نداشتنِ صورتِ خوبی، برای سیرتِ خوب، اول‌زن و اول‌محترم بود.

در این تاریخ که من مذاکره می‌کنم، او تقریباً سی‌ساله، قدی متوسط، خیلی ساده، آرام، باوقار، سبزه، با صورت معمولی، بلکه یک‌قدری هم زشت، لیکن خیلی بااقتدار بود. تمامِ زن‌های سُفرای خارجه به منزلِ او پذیرفته شده، در اعیاد و مواقع رَسمی، به‌حضور می‌رفتند. و این خانمِ بزرگِ محترم اولاد نداشت و مرا برای خود «اولاد» خطاب کرده، مهر مخصوصی نسبت به من داشت. و همین قِسم، جمیع خانواده‌های محترم و نجیب و زن‌های وزرا و اُمرا به منزل او پذیرفته می‌شدند. و تمامِ عرایض اغلب به‌توسط او انجام گرفته، در حضور سلطان، عرض وَ قبول می‌شد.

این مادر روحانی من برای من نامزدی از طایفهٔ اشراف و نُجبا انتخاب نموده، امروز مرا برای نمایش به خانهٔ خود خواسته بود.

پس از ورود و تعارفات رسمی، حسب‌المعمول، مرا پیش خود جای داده، بوسید و مشغول صحبت‌های متفرقه شد و از اقسام بازی‌ها از من سؤال می‌نمود. و من‌هم خیلی شمرده و قشنگ، جواب‌های او را زیرکانه داده، گاهی هم حرکت‌های اطفال نموده، صحبت‌های خود را اثبات می‌نمودم. زن عظیم‌الجثهٔ خیلی موقری را دیدم که در آن‌جا نشسته، باکمال دقّت به صحبت‌های شیرینِ من گوش کرده، می‌خندید. کم‌کم من با او هم مأنوس شدم و بنای صحبت را گذاشتیم.

در این بین‌ها، یک طفل هشت‌سالهٔ خیلی سفید و چاق، ولی بی‌اندازه

شیرین و مَلوس، با کلاه و لباس نظامی وارد اتاق گشته، یک‌سَره به‌طرف آن خانم رفته، روی زانوهای او قرار گرفت.
من از دیدن این طفل احساس وحشتی در خود نمودم. بی‌اختیار برخاستم. هرچند به من اصرارِ ماندن کردند، فایده نبخشید. خیلی متوحش و غمناک، از آن‌جا بیرون آمدم. و به‌کلّی آن حال بشاشت و سُرور از من سَلب شد و خیلی پکر و غمناک شدم.
به منزل آمده، به حضور مادرم رفتم. و او هرچه از من سؤال کرد، من در عوض جواب، آه می‌کشیدم. بالاخره مرا رها کرد، تفصیل را از دده‌جان سؤال نمود.
دده‌جان گفت: «از قرار معلوم، این خانم برای پسرش از انیس‌الدوله خواسته بوده است. و او هم در میان خانم‌ها، فلانی را انتخاب نموده است.»
معلم عزیز من! در این ساعتی که از آن روز و زمان، تقریباً بیست و دو سال می‌گذرد، از نوشتن این نکته باز نتوانستم خود را از یک لرز عصبانی که در من تولید شده، نگاه‌دارم. مجبوراً، ساعتی قلم را زمین گذاشته، بیهوده آه‌های سوزان می‌کشم. در واقع، برای شخص، چه بدبختی از این بالاتر است که در طفولیّت و سن هشت‌سالگی شوهر کند؟ درحالی‌که دلش و خیالش آن شوهر را انتخاب نکرده، بلکه مادر و بزرگ‌ترش، برای خیالات مُهمل واهی، او را انتخاب نموده‌اند. مثل این‌که من در این مدت عُمر، بدبخت و سرگردان زندگی نموده‌ام؛ و تمام، شروع شده است از همین روز مَنحوس.
من برای شما نکته‌ای را می‌نویسم که مُکرر تحریر نموده‌ام: در تمام مدت زندگانی خودم، به اثرات قلبی معتقد، و از تمام آن‌چه برای من پیش آمده، همیشه قبلاً مطلع بوده‌ام.
در آن روز، یک گرفتگی فوق‌العاده و یک حُزن بی‌اندازه‌ای در من تولید شد که تا به‌حال مرا ترک نکرده. من همیشه در مدت زندگانی، مهموم و مغموم بوده‌ام و بدبختی عظیمی را که در این

ازدواج بود، خوب حس می‌کردم و هر وقت دربارهٔ آن زن و آن طفل فکر می‌کردم، یک دردی در سر و یک لرزی در اعصاب و یک فشاری در قلبم تولید می‌شد که مجبور به گریه می‌شدم.

دو سه روز گذشت و من همین قِسم، ملول و محزون بودم. نه به ملاطفت‌های مادر، نه به نوازشات دده و نه به گردش و تفرّج و بازی، به هیچ‌چیز، رفع حُزن از من نمی‌شد و ابداً قادر به تبسّم نبودم.

بالاخره این مزاَج لطیف طاقت زحمت نیاورده، ناخوش و بستری افتاده، به‌اصطلاح زن‌ها «آبله‌مُرغان» درآوردم. و این صورت لطیف مطبوع زینت دادَه شد با لکه‌های سرخ‌رنگی.

در همین حالی که ناخوش و از شدّت تب بی‌هوش افتاده بودم، مادرم مشغول مذاکرهٔ عروسی من بود. و چون انیس‌الدوله از طرف مادر داماد خواستگار بود، پدرم هم رضا داده، درحالی‌که میل نداشت، این وصلت را قبول نمود و قرار داد عجالتاً شیرینی خورده، لیکن تا من بیست‌ساله نشدم، عقد و عروسی نکنند.

به این قرارداد، طرفین راضی شده، قرار شیرینی‌خوردن مرا به‌زودی دادند و مشغول تهیهٔ تدارک شدند.

کم‌کم کسالت من تخفیف پیدا کرده، قدری بهتر شدم. برای خوشامد، همبازی‌های من اغلب از عروسی قصه می‌کردند. لیکن من برعکس سابق که خوشحال و مسرور گوش می‌کردم، با یک حُزنی استماع کرده، فقط جواب آن‌ها را با یک آهی می‌دادم.

آیا چه شده که محزونم؟ آیا چه شده که من از بازی، دوندگی، تفرّج صرفِ‌نظر کرده‌ام؟ هرچه از خود سؤال می‌نمودم، نمی‌فهمیدم. روز به روز، لاغرتر، چشم‌ها بی‌فروغ...

در همین ایّام، ترتیب شیرینی‌خوران را فراهم و شروع نمودند. رسید آن روزی که من بیهوده بیم داشتم، در حالتی که تمام خانوادهٔ من مشغول به عیش و عشرت و خوشحالی بودند. البته برای یک طفل هشت‌ساله، ساز و آواز، خوشحالی، مهمانی، موزیک و هیاهو کم

نعمتی نیست؛ لیکن من مبهوت و مانند اشخاصِ مست، به این‌طرف و آن‌طرف متمایل بودم. اشخاصی که خالی از هر احساسات بودند، این حال مرا حمل بر شرم و حیا می‌نمودند و تقریباً خُشنود، مرا به‌حال خود گذاشته بودند. لیکن علّت حقیقی این رنج بر همه، حتی بر خودم هم مجهول بود.

از طرف انیس‌الدوله، از تمام اعیان و اشراف و شاهزاده‌خانم‌های بزرگ دعوت شده بود. رستاخیز عظیمی برپا بود و تمام این فضای بزرگ موج می‌زد از انواع رنگ‌ها و نقش و نگارها و رُتبه‌ها و خیره می‌کرد برق الماس‌ها چشم‌ها را.

مرا به حیاط‌خلوتی بُرده، مشغول آرایش شدند. مخصوصاً یکی از زن‌پدرهای من مَشاطهٔ خوبی بود. اسم این خانم دلبرخانم بود و خیلی اسم بامُسمایی داشت. هر عروسی را که بَزَک می‌کرد، از طرف حضرت سلطان، به یک پارچه جواهر گران‌بها مفتخر می‌شد. خوب به‌خاطر دارم که در زیر زحمت بَزَک و سنگینی جواهرات، نزدیک به مرگ بودم و مُکرر به این روز شوم، لعنت و نفرین می‌نمودم. تمام دخترهای کوچک همسن، در این حیاط جمع شده و یک دستهٔ کوچکی از مطرب‌ها و رقاص‌ها جدا کرده و به آن‌جا آورده، مشغول نوازندگی بودند. صدای موزیک از اطراف مسموع، همهمه و ازدحام غریبی از هرطرف شروع و ظهور نموده بود. تقریباً هزار خوانچه اقسام شیرینی‌ها و میوه‌ها با چندین سینی طلای پُر از جواهرات الوان برای این شیرینی‌خوران تهیه کرده، با موزیک، اِجماع غریبی از اُمرا، صاحبان منصب و اشراف آورده و یک دور در حیَاط بزرگ گردش کرده، به منزل ما آوردند. این جمعیّت باید مخصوصاً خیلی آهسته و ملایم حرکت کند، برای این‌که مدعوین تمام اشیاء را به‌دقّت تماشا کرده، مخصوصاً بدانند برای عروس چه آورده‌اند و قیمت این دختر چند است!

بیچاره من که مثل اسیر و کنیز، با جواهرات و تزئینات ظاهری،

فروخته شدم؛ درحالتی‌که این شوهر را ندیده و به اخلاق او عادت نداشتم، بلکه این انیس و مونسِ تا آخرِ عُمر را خیالی قبول کرده، در مُخیلهٔ خود، فقط اسم شوهر را پرورش داده بودم و ابداً از حقوق بزرگ شوهر مسبوق نبوده، بلکه بی‌اطلاع بودم. من باید شوهر کنم به هزار خوانچه شیرینی و میوه و پنج شش سینی طلا و نقره و جواهرات و مروارید و تقریباً چندین بسته پاکت دربستهٔ مَهمورِ اسکناس...

آه، نگو! از بدبختی‌های بزرگ انسان همین است که باید به‌میل پدر و مادر، زن گرفته یا شوهر نماید. درحالتی‌که برخلاف عقل و مُغایر قانون و بسیار عجیب است. و در این موضوع، حق به‌طرف اروپایی‌هاست؛ اگرچه آن‌ها در همه‌چیز از ما عالم‌ترند و ترقّیات‌شان زیادتر است؛ اما من متأسفم که ما چرا آن‌قدر جاهل باشیم که اقلاً بین خوب و بد را تمیز نداده، اگر از خود نداریم، لااقل از دیگران بیاموزیم. زیرا انسان باید همیشه برای روزگار آیندهٔ خود در جدّ و جهد باشد؛ چه، گذشته از دست او رفته، و حالِ حاضر مریضِ مُحتضری است که هر لحظه از عُمرِ او کاسته می‌شود. طبیعت‌هایِ بی‌عیب و نقص با امتداد معاشرت‌هایِ نالایق، خلل‌پذیر می‌شود و همیشه انسان باید برای معاشر دائمی خود، خوب فکر نموده، او را کاملاً شناخته، انتخاب نماید تا بدبخت نشود و دستخوش هوا و هوس نگردد.

باری، خوانچه‌ها ضبط و ثبت، و جواهرات محفوظ شد. پس از ناهاری که با یک هیاهو و جنجال عظیمی صَرف شد، مرا به مجلس بردند. خوب به‌خاطر دارم لباس زری گُلی‌رنگی را که به طرازهای گلابتون و تزئینات دیگر آراسته و مُزّین شده بود. و این لباس خیلی شبیه بود به لباس دخترهایی که در تئاترها می‌رقصند. نیم‌تنهٔ کوتاهی با یک دسته که به‌واسطهٔ فنرها چتر زده، خیلی بلند ایستاده بود. و این مخلوط شده بود با یک چادرِ تورِ نازکی که تمام نقره‌دوزی شده

بود و سر را هم، به‌اصطلاحِ آن عصر، قَجَری بسته، با کُهنه و پنبه، کلاه‌مانندی درست کرده، دو گوشِ مصنوعی بلندی از دوطرف ساخته، روی او را جواهر نهاده و لیکه‌های زردِ بَرّاقی ریخته بودند. تقریباً مضحک شده بودم. وقتی آینه را به من دادند تا خودم را ببینم، از خودم وحشت کردم. چهرهٔ به این طبیعی و مطلوبی را با اقسام سُرخاب سفیداب‌های زیاد نقاشی کرده، به‌کلّی از شباهت فارغ نموده بودند. مثلاً ابروی مرا نصف کرده و تمام را با یک زحمتی با مَقّاش کَنده بودند و یک خطِ صافِ قوس‌شکل داده و با وَسمه، اقسام سیاهی‌ها به آن کشیده، صاف‌گیری کرده بودند. به‌قدری سفیداب به صورت من مالیده بودند که تمام سایه‌روشن‌های طبیعی را محو، و چهرهٔ مرا بی‌حالت نموده بودند؛ به‌اَضافهٔ سُرخابِ فراوانی که به لب‌های من مالیده بودند. با این صورت مضحک، هزار منقل آتش در جلو که به انواع عطریات و اسپندها برای نظر، دود فراوانی راه انداخته بودند. و مخصوصاً باید دو نفر دو بازوی مرا گرفته، من‌هم چشم‌ها را رویِ‌هم گذاشته، خود را کورِ مصنوعی درست کرده، راه بروم. و این مرسوم بود. اگر عروس چشم باز می‌کرد، بی‌حیا و غیرِمتمدن بود!

بالاخره به‌همین حال، اول مرا به‌حضور پدرم بُرده، پس از این‌که پای او را بوسیده، انواع مرحمت‌ها و نوازش‌ها و تعریف‌ها را دیدم، مرا به مجلس بُرده، پول‌های طلا و نقره، به‌اصطلاح، سرِ من شاباش کرده، روی صندلی طلایی نشاندند. خیلی مضحک بود که پاهای من تا زمین، نیم‌ذَرع فاصله داشت و من به‌قدری کوچک بودم که بغلم کرده، از پله‌ها بالا بردند. پس از آن‌همه آشوبی که برای افتتاح بدبختی من کردند، روز تمام، و ما از قید زحمت آزاد شدیم.

و در این روز، اتفاق عجیبی افتاد که خیلی بر من گران آمد. و آن این بود که عزیزالسلطان، همان نامزد ماقبل من، رَشک بُرده، از انتخاب خود پشیمان شده و بنای آشوب و غوغا را گذاشت.

اول، شرحی با پدرم مذاکره کرده بود که عروس‌ها را عوض کند. قبول نشده بود. پس از یأس، شروع به برهم‌خوردگی مجلس کرده، به‌قدری گلوله‌های برفی و یخ بر سر عابرین و واردین و مهمان‌های محترم می‌زند که تمام به‌صدا درآمده و جنجال غریبی برپا می‌شود. و این پسر حس کرده بود که مرا دوست می‌دارد. و خیلی تعجب دارد باوجود زشتی صورتِ او، محبّتِ او کم‌کم مرا هم جذب، و بالاخره نزاع غریبی برپا کرد. و من تقصیر نداشتم، زیرا هرچند اولاد دارای صفات حمیدهٔ طبیعی باشد، باز ناچار به پدر و مادر تأسی می‌کند. عشقی که پدر من به این طفل داشت، محبّت بچگانهٔ مورد ملامت و تحقیر نبود. با وجودی که من خیلی خشن و سخت بار آمده بودم، باز گاهی مُتلوّن و بی‌اراده اقدامی می‌کردم؛ بغتتاً پشیمان می‌شدم. نه این‌که آن‌قدر نافهم باشم که از قبول معایب، انکار بکنم. عیب بزرگ من در این‌جا بود که می‌فهمیدم و عمداً می‌کردم. به‌این جهت، اغلب که فکر می‌کنم، می‌بینم یک قِسم دیوانه هستم و خالی از تعجب نیستم. مثل این‌که این مطلب در من یک اخلاق ثانوی تولید نموده که هنوز هم باقی و برقرار است. نه تنها زمان طفولیّت، بلکه امروز هم که در میان مردم به عقل و اخلاق و تمدن معروفم، این عیب را دارا هستم. و اغلب، معلم من! خودت این حال بی‌قیدی دلجویانه را در من مشاهده کرده‌ای. حال، ملامتم نکردی، نمی‌فهمم چرا و سببش چیست؟ اما خوب می‌فهمم که این عیب را چرا دارا شدم و برای شما، حال، توضیح می‌دهم.

علّت اصلی این مسأله این است که در طفولیّت، مرا خیلی عزیز و لوس بار آورده، مثلاً اگر یک گلدان چینی قیمتی را می‌شکستم، به من می‌گفتند: «این گلدان قیمتی و حیف بود، لیکن چون میل داشتی بشکنی، خوب کردی!» یا مثلاً: «این اسباب را آتش زدی، حیف بود. چون میل داشتی سوزِ او را، عیب نداشت!» و همین‌طور چیزهای دیگر... و جز تملق و چاپلوسی چیزِ دیگری نبود. و به کلّی

آن قوهٔ حسّاسیه و انتقامیِ مرا آلوده و توأم با یک خودپسندی کرده بودند. مثل این که تمام سلاطین و بزرگان و حُکام و اشخاص بزرگ قتل می‌کنند، غارت می‌کنند، زجر می‌کنند، حبس می‌کنند، ظلم می‌کنند، فساد می‌کنند. نه این که نفهمیده باشند، نه، نه! خوب می‌فهمند، لیکن عادت کرده‌اند. مُربّی حقیقی را که علم و انسانیّت باشد، مثل من بیچاره، نداشته‌اند. و به‌همین جهت، اغلب مقتول و معزول گشته، تاریخ را از یادگارهای وحشیگری و خون‌ریزی و طبیعت شرّ خود، آراسته‌اند و یک اسم خیلی مکروهی از خود باقی و برقرار گذاشته‌اند. همین‌طور که من از دست دادم تمام سعادت و آن چیزهایی که طبیعت فوقَش را برایم مهیّا کرده بود. و قبول کنید اگر مقتول یا معزول از زندگانی می‌شدم، بر من گواراتر بود.

من نمی‌توانم خود را بدبخت بگویم؛ زیرا بخت یک مخلوق خیالی است که زادهٔ طبع خیال‌پرور است؛ مثل شیشه‌هایی که اطفال از کفِ صابون می‌سازند و در یک لحظه حُباب می‌شود و می‌ترکد. لیکن می‌توانم بگویم خوب تربیت نشده بودم. و چون قابلِ تربیت بودم، این است که امروز منتقل شده و خود را زار و زبون می‌بینم. و به‌این واسطه، یک عُمرِ غمناکی را شروع کرده، همین‌طور غمناک به آخر خواهم رسانید.

آری، حُزن و اندوه یک قسمتی از زندگانی است. بنی‌نوع انسان همیشه در طوفان‌های عظیم پیش‌آمده، گرفتار است؛ و زندگانی دلخواهی نیست، بلکه تحمّل است. خوش یا ناخوش، این عُمر درگذر است، و باید تحملِ هر رنجی را کرد در زمانِ خویش. انسان نباید غرّه بشود و تکبّر و نخوت پیشه نماید. همین‌طور درحال بدبختی هم نباید بگذارد کسی نالهٔ او را بشنود.

روزها و شب‌ها می‌گذشت و تمام اهل سرا در عیش و عشرت و خوشی بودند، لیکن من همیشه محزون و غمناک بودم و یک چیز خارجی مرا تهدید می‌کرد.

یک سال به همین منوال گذشت، و اتفاق تازه‌ای نبود که برای شما بنویسم. روزگار به یک پروگرام می گذشت.

پس از انقضای این سال، امینه‌اقدس که یکی دو سال بود از دو چشم کور شده بود، فوت کرد. تمام اثاثیه و دارایی او را که مبلغ گزافی بود، به خواهر من دادند. و در هَمان سال، مشغول تهیهٔ عروسی شدند.

و در همین بین‌ها، من محاصره شده بودم با یک نگاه‌های عجیب و آه‌های غیرآشنایی از طرف این پسرک که کم‌کم می‌رفت جوانی بشود. مکالمه با این پسر برای ما اکیداً از طرف مادر ما، منع و قدغن بود. ولی ناچار می‌بایست هر روز عصر را به حضور رفته و تا ساعت شش و هفت، در حضور باشیم. در نتیجه، برای نگاه ممانعتی نبود.

من فوق‌العاده رشد کرده، خوشگل شده بودم و مثلِ باغ خیلی قشنگی که به اقسام گُل‌ها مُزیّن است، هر روزی، یک گل تازه باز می‌شد و بر جلوهٔ رنگ رُخسار خود می‌افزودم. مادرم خیلی بزرگ و بزرگوار بود. در خرج کردن و خریدن اقسام لباس‌های قشنگ قیمتی برای خودش و من و برادرم کوتاهی نداشت. همیشه، هر روز، به یک لباس تازهٔ جدیدی مُلبّس و به اقسام زینت‌ها مرا آرایش می‌داد. پدرم حُکم کرده بود لباس فرنگی و اغلب صورتی و سفید به من بپوشانند. هر روزه، در تفحُّص پارچه‌های ممتاز برآمده، اقسام لباس‌ها را برای من دوخته، با گُل‌ها زینت می‌دادند. نه تنها حُسن صورت من این جوان بیچاره را در زحمت و گرفتاری دچار کرده بود، بلکه از این آه‌کش‌ها در تمام اطراف من به‌وفور بود. و من مثل یک گنجشگ مظلومی در میان این حریق و ناله، دچار بودم. و این طوفان عظیم را مادرم خوب ملتفت بود و هر روز، یک نوع، یک قِسم سختی تازه دربارهٔ من معمول و مُجرا می‌داشت. و کم‌کم بازی، آزادی، گردش و تفرّج را از من منع کرده، منزوی و محبوسم ساخته بود. لیکن از حضور حضرت پدرم دیگر نمی‌توانست منع کند. تمام

این دلباخته‌ها در آن موقع مرا دیده، و به‌همین دیدار از دور قناعت داشته، من‌هم طبیعتاً محزون و ملول و تقریباً از زندگانی سیر بودم. و این حُزن به من یک ملاحت و وقار فوق‌العاده‌ای داده بود که خیلی بر حُسن صورت من افزوده و جلوهٔ مرا معاونت می‌نمود.

در همین سال، عروسی خواهر من شروع شد. و قبل از این عروسی، مادرشوهرِ من فوت کرد و آرزوی عروسی پسر یگانهٔ خود را به گور بُرد. و من خیلی از این پیشامد، محزون و متأسف شدم. زیرا مرگ آن خانم محترمه کمک به بدبختی من نمود و زندگانی آتیهٔ مرا تاریک کرد.

پس از چند ماه، پدرشوهرِ من برای خودش یکی از دخترهای صدراعظم را عقد و عروسی کرد. و پس از عقد و عروسی خود، به حضور پدرم عرض، و درخواست نمود که مرا عقد کنند. و اگر اجازهٔ عروسی هم نمی‌دهند، بماند تا هر وقت میل پدرم قرار گرفت.

اجازهٔ عقدکنان داده شد و مشغول جشن شدند. فوق‌العاده عالی و قشنگ تهیه دیده، ولی تقریباً کم‌جمعیّت‌تر از شیرینی‌خوران بود.

دوباره، آن خیال سرسام و جنون در من تولید شده، به یک تهدید خارجی همیشه دچار بودم. و می‌دیدم در یک گرداب عمیقی افتاده، راه خلاصی ندارم. خیلی گریه کرده، ناله‌ها نمودم و استدعاها کردم که عجالتاً مرا عقد نکنند. لیکن به قوهٔ قهریه مطیع کرده، با انواع و اقسام تهدیدات راضی نمودند.

رسید آن روزی که من از آن روز خائف و هراسان بودم.

مجلس عقد افتتاح شد و ما را در حضور پدر آسمانی و معبود حقیقی، سر سجاده حاضر کردند؛ مانند قربانی‌های قدیم که در راه خدایان قربانی می‌کردند؛ لباسی از اطلس سفید با انواع جواهرات زینت داده شده و سر و کله با همان فُرم مخصوصی که در واقعهٔ شیرینی‌خوران مذاکره شد. یک تور سفید بلند نقره‌دوزی روی صورت ما کشیده،

خُطبه تمام، و منتظر جواب از من. لیکن اشک فرصت جواب به من نداده، یک‌سَره می‌لرزیدم.

بالاخره، پس از زحمت زیاد و کتک‌های مخفی بسیار، ما با یک صدای خفیفی اِقرار گفته، از این آشوب و جنجال خلاص شدیم.

خانم‌ها تقاضا کردند که داماد سرِ عقد بیاید. دو برادرِ کوچک من که با داماد تقریباً همسال بودند، اَو را به اتاق آورده، پهلوی من و روبرو نشاندند. من از شدّت گریه، تمامِ بَزَک‌ها را مخلوط کرده و تمام آرایش و تزئینات را به‌هم زده بودمَ. و همین قِسم که سر پایین کرده بودم، بلند نمودم. در آینهٔ روبرو، داماد را می‌دیدم. انصافاً خوشگل بود و در شُمارِ زشت‌ها محسوب نمی‌شد. لباس سفید نظامی خیلی قشنگی پوشیده، با سر و زلف سیاه و چهرهٔ سفید لطیف مطبوع. لیکن من ابداً نمی‌فهمیدم که باید این جوان را دوست داشت یا خوشحال باشم از این که شوهر کرده‌ام. همین‌قدر حس می‌کردم که بی‌اندازه در فشارم و یک ضربان فوقِ تصوری در قلب و یک لرزش مخصوص در اعصاب داشتم.

معلم من! با این‌همه اتحاد و فریادهای مسرت‌آمیز، با آن‌همه اتفاق‌های شورانگیز، معاهدهٔ اسارت و شقاوتِ مرا در حضور معبود من، با این جوان ناشناس و کسی را که من دوست نمی‌دارم و به اخلاقش عادت ندارم و ابداً نمی‌فهمم وضع زندگی او چیست، برای من مونس ابدی قرار دادند. و از این کار جابرانه، خوشحال و مسرور، بلکه غرق در غرور بودند و به بدبختی من با یک نظرِ متشکرانه تماشا می‌نمودند.

آه! چه روز شوم و چه ساعت نحسی بود که من در تمام عمر، آن ساعتی را که سلب شد از من آزادی و اقتدار و نزدیک شد به من نفرت و انزجار، فراموش نمی‌کنم. و همیشه آن روز منحوس را دشمن داشته، لعنت و نفرین می‌نمایم. و اگر به‌نظر انصاف بنگریم، تنها من نباید آن روز را دشمن بدارم، بلکه آن جوان بیچاره هم

باید دشمن بدارد. زیرا همین‌طوری که ما در سعادت باهم شریک و سهیم بودیم، در بدبختی هم شرکت داشتیم. همان‌طوری که او اسباب بدبختی من شد، من هم اسباب زحمت او شدم.

من فراموش کردم این شوهر آتیهٔ خود را به شما معرفی کنم.

این جوان از خانوادهٔ خیلی قدیم و نجیب، از طرف پدر، به هدایت‌الله‌خان رشتی، از طرف مادر، به امین‌الدوله منسوب بود. پدر این طفل چندین زن گرفته، بالاخره، مادران اولادِ ذکور به‌ثمر نرسانده و تمام می‌مُردند. و این پسر پس از چندین اولاد، برای آن‌ها باقی می‌ماند. از همین‌جا، شما درجهٔ عزیزی و محبّت پدر و مادر را نسبت به طفل‌شان درک خواهید کرد. این پسر بی‌اندازه عزیز، بلکه فرمانفرما و مالک‌الرقابِ پدر و مادر بود. برای این‌که مبادا این پسر هم تلف بشود، ابداً اوِ را مجبور به تحصیل نکرده، هرچه به میل خود فرامی‌گرفت، همان را تصویب می‌نمودند. صبح تا شام، شب تا صبح، مشغول بازی و تفرّج بود. و این پسر احاطه شده بود از غلام‌بچه‌های متعدد که تمام، پسران صاحب‌منصب و درجات عالیه بودند.

پدرش خیلی نجیب و ریاست قراول خاصهٔ شاه با او بود. و بی‌اندازه طرف اعتماد اعلی‌حضرتِ سلطان بود. تمام ارک و مصاحبت و نگاهداری حرمخانهٔ اندرون و بیرون به‌عهدهٔ او بود. خیلی صدیق و درستکار، امین و باوفا. مادرش هم زن متشخصهٔ نجیبهٔ محترمه‌ای بود، خیلی عاقل و عالِم. تا مادر این طفل در حیات بود، به انواع و اقسام بزرگی‌ها و نعمت‌ها پرورش داده شده، خوب محافظت می‌شد. باوجودِ این‌قدر عزیزی و یگانگی، در تربیتش قصور و کوتاهی نمی‌شد. لیکن پس از مادرش، برای این‌که دلتنگ نشده و از فوت مادرش متأثر نشود، یک دستگاه عمارت عالی به این طفل داده، دَده، للِه، نوکر و کُلفَت او را علیحده می‌نمایند. و تقریباً از سن نُه‌سالگی، او را مُطلق‌العنان می‌گذارند. دده‌جانِ این طفل هم کُپی

بود از دده‌جانِ من. لیکن فرقی که مابین این دو دده‌جان بود، آن بود که ددهٔ من خیلی زود مرحوم شد و چندان اخلاق و عاداتش بر من اثر نکرد، لیکن دده‌جانِ او زنده و سال‌ها اسباب زحمت و انزجار منِ بیچاره بود و به‌کلّی تمام عادات جنگلی خود را به این طفل بیچاره آموخته، او را لجوج، وحشی و خونریز بزرگ کرده بود. و هرچه را که می‌توان بد گفت به او آموخته و یک یادگار ابدی از خود باقی گذاشته بود. این بود شوهر آتیهٔ من.

من پس از عقد، به مکتب‌خانه هم نرفتم و اشتغال من تمام آه‌کشیدن و خواندن اشعار حافظ و سعدی بود. تَرکِ بازی‌های بچگانه را هم به‌یک‌اندازه‌ای کرده، کتاب‌های قشنگ و رُمان‌های شیرین مطالعه می‌نمودم. خیلی مغزم وُسعت داشت و فکرهای عالی می‌نمودم. مثلاً همیشه با یک نظرِ دقّت و حسرتی، به اسارت طفولیّت خود نگریسته، می‌گفتم: «انسان که خلق شده است برای آزادی و برای زندگانی، چرا باید اسیر و به‌میل دیگران زندگی نموده، محکوم به حُکم دیگری باشد؟ درحالی‌که در نوع انسان، امتیازی نیست؛ همه یکسان‌اند؛ همه می‌توانند در تحت یک حُرّیت و آزادی طبیعی زندگانی نمایند.»

مثلاً در مواقعی که هوا سرد و بارانی بود، این خدمتکارها را می‌دیدم که با لباس‌های بسیار خفیف، مشغول رنج و زحمت و خدمت هستند و در مقابل، از خانم‌های خود همیشه بد شنیده، بی‌جهت مورد سرزنش واقع می‌شدند.

من غرق غصّه و پریشانی گشته، بی‌اندازه ملول می‌شدم و می‌گفتم: «این‌ها چه فرقی با این خانم‌ها دارند، جُز این‌که آن‌ها لباس‌های اطلس دیبا پوشیده و خداوند در نعمات دنیایی با آن‌ها همراهی نموده؟ پس چرا باید این‌ها محکوم، آن‌ها حاکم باشند؟ در صورت حکومت، چرا نباید رعایتِ نوع کرده، در بارهٔ آن‌ها خیرخواه باشند؟ اگر به‌واسطهٔ احتیاج به این بیچاره‌ها به‌نظر تحقیر می‌نگرند،

همین‌طورکه این‌ها محتاج لباس و غذا و خانه هستند، آن‌ها هم محتاج به خدمت و همراهی و معاونتِ این‌ها هستند. انسان در عالم، لازم و ملزوم یکدیگر است؛ یکی از حیث پول، دیگری از حیث زحمت. پس چه امتیازی؟ چه افتخاری؟ تمامِ این سختی‌ها، تمامِ این درشتی‌ها برای چیست؟ نمی‌فهمم!»

مثلاً به آنان می‌گویند: «چرا فلان کاسه را شکستی؟» یا: «فلان مقدار آب زیاد خرج کردی!» درحالتی‌که هرکس نسبت به زیردستان خود وظیفه‌ای دارد؛ چه اُدنی، چه اَعلا، چه یک سلطانی، چه یک وزیری، چه یک خانمی. مقصود، هرکسی که بزرگِ یک مملکتی یا شهری یا خانه‌ای شد، وظیفهٔ مخصوصی دارد و حتی‌القوه باید دارای اخلاق و عزم و اراده باشد. حمیّت و شرافت قوهٔ بسیار مهم گران‌بهائی است. این دوچیز به‌جهتِ نتیجه بخشیدن و فایده دادنَ است. از این دو صفت، چه‌چیز مُنتج می‌شود؟ نیکی و نیکوکاری و ادای وظیفه. آیا کلمه‌ای نجیب‌تر و بهتر از این دو کلمه یافت می‌شود؟ انسان این عبارت ساده را بانهایت جسارت و صفای قلب و، درصورتِ لزوم، باکمال تسلیم و انقیاد احساس می‌کند. توضیح معنی وظیفه، به‌صورتی‌که مطابق واقع باشد، غیرممکن است. ما حُسنِ وظیفه را در وجدانِ خود می‌یابیم. درحالتی‌که مانعِ این فکر باشیم که می‌گوید: «وظیفه از نقطه‌نظرِ قانون و وجدان، چیزی است که به انجام آن مُکلفیم»، یا به مطالعهٔ دیگری گرویده شویم که گفته است: «قانونی که عقلِ سلیم قطعاً وجود و تحققِ آن را تأیید می‌کند، نتیجهٔ اعمالی است که براساسِ اخلاق و عاداتِ ما قرار گرفته است»، باز مفهوم عالی وظیفه را چنان‌که سزاوار است، درک ننموده‌ایم.

انسان با فکر وظیفه مسطور است. شخصِ امینِ مُنصف همیشه برای ادای وظیفه، مُهیّاست. می‌توان گفت غالباً، ادای وظیفه از شناختن آن آسان‌تر است. باید یقین کنیم که انجام و تعیینِ وظیفه، حُکمِ لوازمِ ضروریه را دارد. وظایف و تکالیفی که قانون در این بابَ

تصریح می‌نماید، وظیفه‌های ابتدایی سیاسی است که در موجودیّت جمعیّت بشریّه، اجرای آن بی‌اندازه لازم است. مثلاً کسی را نخواهی کُشت؛ چیزی که به دیگری راجع است، غصب نخواهی کرد؛ اگر متأهل باشی، با همسرِ خود به‌راستی و درستی رفتار کرده، اولادِ خودت را تربیت خواهی نمود. این سفارشاتِ قانون چیزی نیست جز همان وظیفه‌شناسی ابتدایی که بر هر کس معلوم است. اما اخلاق، انجام بسیاری از وظایفِ عالیه را تکلیف می‌کند که قانون آن‌ها را نمی‌شَناسد و نمی‌تواند در ردیفِ مجبوریّت قرار دهد. و باوجودِ این، یک قانونِ وظیفه به ما معرفی شده که بدونِ احتیاج به مشاورهٔ غیر، برای این‌که راهنمای افعال و حرکاتِ ما باشد، اوامرِ خود را در اعلادرجهٔ وضوح، به روح و وجدانِ ما تلقین می‌نماید. در فهم و ادراکِ وظایف، انسان با چه مانعی مصادف می‌شود؟ چیزی که وظیفه را مغلوب می‌سازد کدام است؟ خواهش‌های شخصی، هوا و هوس، تنبلی، ترس و سُست‌عنصری.

گفتم که هرچه این جوان می‌خواست، برای او فوری فراهم بود.

بالاخره اعلانِ تئاتر داده شد و غوغای غریبی برپا شد. همگی از این قصّه خیلی خوشحال بودند که اشتغالِ جدیدی به‌اضافهٔ مشغولیّت‌های دیگر برای آن‌ها ترتیب داده شده است.

هر روز عصر، من پنج بلیتِ مجانی دریافت می‌کردم که داماد برای عروس می‌فرستاد. و من‌هم اغلبِ شب‌ها را به‌هزار زحمت و مشقّت، از مادرم اجازه گرفته، می‌رفتم. اغلبِ شب‌ها را هم اجازه نمی‌داد و بلیت‌ها را به مردم می‌بخشیدم.

صبح که از خواب بیدار می‌شدم، اول‌چیزی که بالای سرِ خود می‌دیدم، ظرف‌های چینی اعلا پُر از اقسامِ گل بود که هر روز به رنگ و بوی تازه و طراوتِ بی‌اندازه برایِ من فرستاده می‌شد. و اغلب، کاغذهای خیلی مختصرِ کوچک که داماد به عروس نوشته و با یک هِل و گُلِ قشنگی توأم شده بودند. عبارتِ کاغذ خیلی

ساده و مؤدبانه بود، لیکن جوابی ابداً از طرفِ من داده نمی‌شد و باز به‌همان پیغام قناعت می‌شد.

پنج شش ماه به‌همین قِسم گذشت و به‌هر وسیله‌ای بود، این پسرِ بیچاره متوسّل شد، اما ابداً نتوانست کلمه‌ای با من مُتکلّم شود. و من‌هم ابداً از این عوالم هیچ حس نمی‌کردم و نمی‌فهمیدم مقصود چیست و به‌جُز عروسک و عروسک‌بازی، چیزِ دیگری ملتفت نبودم.

تا این‌که یکی از شب‌های بهار که تقریباً هوا یک‌قدری گرم و ملایم بود، دیوان‌خانه قُرُق شد و برای گردش، به حضور رفتم.

امشب، دستهٔ عبدی‌جان را خبر کرده بودند که بیایند تا حرم‌خانه تماشا کنند.

البته شما عبدی را خوب به‌خاطر دارید، لیکن من‌هم شرحی از شمایل و چهرهٔ او برای شما می‌نویسم.

این پسر کی بود دوازده سیزده ساله، با چشم‌های سیاهِ درشتِ مخمور و بی‌اندازه خوشگل و خوش‌حالت. چهرهٔ سبزه و قشنگ، با لب‌های گلگون و زلف‌های انبوهِ سیاهی داشت. و این پسر در تمامِ شهر، معروف بود و هزاران عاشقِ دل‌باخته داشت. ولیکن رقاص بود و برای این‌که محبوبِ شخصِ واقع بشود، قابل نبود.

در اولِ شب، تقریباً یک از شب گذشته، حسب‌المعمول، پدرم به اتاقِ خوردنگاه رفت.

موقعی که او به اتاق خوردنگاه می‌رفت، تمامِ خانم‌ها برای شام به منازلِ خود رفته، تقریباً سرِ شب شام می‌خوردند و بعد به حضور می‌آمدند. این گردش و ساز و آواز که هر شب بالاتر از انواع و اقسام مختلف بود، از دو سه ساعتی شب شروع و تقریباً هفت هشتِ شب تمام می‌شد.

آن شب، من از مادرم اجازه گرفتم که با دده، ننه، دایه و زن‌پدرِ خودم شام را در باغ صَرف کرده، به منزل بروم. او هم اجازه داد.

دستِ زن‌پدرِ خود را گرفته، در کنارِ استخرِ بزرگی که به انواع و اقسامِ چراغ‌ها مُزیّن و روشن بود نشسته، از شامِ پدرم یکی از کنیزها آورده، قدری خوردیم. بعد برای تفرّج و گَردش حرکت کرده، خیابان‌های عریضِ طولانی را گرفته، مشغول تفریح شدیم. همراهانِ ما در همان نقطه که نشسته بودیم، مشغولِ شام خوردن و صحبت کردن شدند.

ما دو نفر جوان (که تقریباً من بچه و او جوان حساب می‌شد) در این سکوتِ مطلقِ شب، با یک قدم‌های ثابت و خفیفی روی ریگ‌ها حرکت کرده، ماه را که با یک جلوهٔ غریبی مشغولِ نورافشانی بود، تماشا کرده، به فکرِ مخصوصِ خود مشغول بودیم. سکوت و خاموشی سراسرِ این خیابان را گرفته، فضا به‌اندازه‌ای خالی از صدا بود که رقیق‌ترین حرکت و دقیق‌ترین آهنگ را انعکاس می‌داد. سکوتی که حُکم‌فرما بود چنان می‌نمود که کائنات به خواب رفته و سر بر بالینِ برادرِ مرگ نهاده است. تاریکی شب هم با این سکوت همدست شده و به موجباتِ اندیشه و هراس می‌افزود. گوش به‌هر سو که توصیه می‌نمود، از اهتزازِ پرده‌های سامعه، مأیوس بازمی‌گشت. فقط جنبشِ شاخسارِ درختان از وزشِ ملایم نسیم شب انعکاس می‌یافت و گاه‌گاهی رشتهٔ سکون را ازهم می‌گسلانید.

نظاره‌کننده را مایهٔ تسلّی، تنها یک منظره بود: فروغ ستارگان که به‌طورِ غیرمنظمی در گُنبدِ واژگونِ چرخِ نیلگونَ، پراکنده، و روشناییِ ملایم ماه که از شکافِ برگ‌های درخت‌ها به زمین افتاده و یک حالِ ترس و وحشتی احداث می‌نمود. انبوهیِ اشجار بر تیرگی دهشتناک افزوده، و تاریکیِ ملامت‌آورِ این سایه‌ها را دوبرابر می‌نمود.

بالاخره، صدای خفیفی از میانِ درخت‌ها مسموع شد و من ترسان، خود را به بازوی این زنِ جوان آویخته، گفتم: «آه، عزیزِ من! برگردیم، برگردیم پیشِ پرستارهای خود. تقریباً نیم‌ساعت است

ما راه می‌رویم و خیلی از ایشان دور شده‌ایم. حال‌که در تفحّص ما هستند، این غیبتِ ناگهانی ما را چه خواهند گفت؟ زود، زود برگردیم که من نمی‌دانم به‌چه علّت می‌لرزم. آه، خدا! آیا، آیا من آن‌قدر جبون و ترسو هستم؟ آیا از تاریکی و سکوت شب ترسیده‌ام؟ نه! نه! از این‌ها نمی‌ترسم؛ از این می‌ترسم که این غیبتِ ناگهانی من، موردِ مؤاخذه و زحمتِ من بشود.»

این دخترِ جوان تبسّم کرده، گفت: «آیا ملتفت نشدید که به‌چه اصرار و التماس از شما درخواست کردم امشب را این‌جا شام بخوریم و اجازه بگیرید؟»

گفتم: «چرا؟»

گفت: «آیا ملتفت نشدید برای چه من این خیابانِ تاریک و خلوت را انتخاب کرده، آمدیم؟»

گفتم: «خیر!»

دست‌های خود را به‌هم زده، یک‌مرتبه ایستاد، گفت: «من در خصوصِ مطلبِ مهمی با شما گفت‌وگو دارم. اگر میل دارید، روی نیمکتِ کنارِ خیابان نشسته، تا به شما بگویم.»

من بی‌اندازه تعجب کردم. گفتم: «آیا این حرف به‌قدری مهم بود که قابلِ این بود این مسافت را پیموده، در تاریکی‌ها خزیده، خود را از انظارِ پنهان داشته، دچارِ اشکالات نماییم؟»

انگشت به لب نهاده، امر به سکوت کرد و یک آهِ طولانی کشید و گفت: «آری! آری! این حرف مهم و قابلِ توجه است. آری! این حرف حُزن‌آلود و قابلِ ترس است. آری! به‌قَدری مهم است که من ده روز است فرصت و جرأتِ گفتن به شما را ندارم و حال هم باید به من معاهده نمایی و قَسَم بخوری که به دیگری نگویی، تا من به شما بگویم. والِا، برگردیم و ناگفته بگذاریم.»

گفتم: «بسیارخوب. برویم، برویم روی آن نیمکتی که کنارِ دریاچه است، قرار بگیریم. هم روشن است و هم اگر کسی از خارج آمد،

ما می‌بینیم و نمی‌تواند حرفِ ما را بشنود.»

قبول کرده، به‌راه افتاد.

این گفت‌وگو مانندِ صاعقه به خرمنِ قوهٔ مُتخیلهٔ من مصادف شد و انواع و اقسام فکرهای بیهوده را در نظرِ من جلوه داد.

شب بالطبع مَوجدِ خیالات است. مناسباتِ مکان نیز بر آن می‌افزاید. با این وضع، آیا می‌توان دامنهٔ فکر را محدود نمود؟ هرگز! همواره تزلزل و توحش، پیوسته اضطراب و وحشت، تعادلِ بیم و امید، دو نقطهٔ متضادِ یکدیگرند و اساسِ زندگانی شمرده می‌شوند.

با این‌حال، نزدیکِ نیمکت شده، هر دو قرار گرفتیم. لیکن من حس می‌کردم این صحبتی که می‌روم بشنوم، صحبتِ متعارفِ معمولی نیست؛ و برای این‌که خود را حاضر به شنیدنِ این صحبتِ عجیب نمایم، جرأت و قدرت را به یاری طلبیده، گفتم: «من حاضرم. بگویید!»

نگاهِ پُرمعنایی به من کرده، گفت: «هیچ ملتفت شده‌اید؟»

پرسیدم: «چه‌چیز را؟»

گفت: «آن‌کسی که مدتی‌ست پروانه‌وار اطرافِ شما می‌گردد؟»

گفتم: «نه! آن کیست؟»

گفت: «آن جوانِ سرگردانی که به‌جُز شما، هیچ از زندگی نمی‌خواهد.»

پرسیدم: «مقصود از این جوان کیست؟»

خنده کرده، گفت: «آه! آه! تجاهل می‌کنی؟ من آن‌قدر شما را دیرانتقال نمی‌دانم. آری، می‌بینم خوب می‌فهمی، ولی تغافل می‌کنی.»

نگاهِ تعجب‌آمیزی به او کرده، گفتم: «عزیزِ من! چه میل داری که من بدانم؟ درحالتی که می‌دانی من هیچ نمی‌دانم و نمی‌فهمم مقصودِ تو چیست.»

گفت: «پس لازم است به شما توضیح بدهم.»

گفتم: «آری!»

گفت: «این جوان، این بیچاره، این سرگردانی که مادرت شما را از او منع کرد، امروز درحالِ مرگ است و شما را از تمامِ دل و جان دوست می‌دارد. به من مُلتجا شده که محبّتِ او را به شَما بگویم و از شما برای این بیچاره همراهی و معاونت بطلبم. و درضمن، بفهمم که آیا شما هم تاحال، به‌نظرِ مهر در او نگریسته و سرِ محبّت با او دارید یا نه؟»

فریاد زده، گفتم: «اللهاکبر! شما به‌چه اطمینان این رسالت را قبول کردید و برای چه چنین صحبتی را با من داشتید؟ درحالی‌که می‌دانید من در تحتِ حمایتِ مادری به‌این سخت‌رفتاری و پدری به‌این عظمت و قهّاری هستم. گذشته از این، من در مقابلِ پدرِ آسمانی، خود را به دیگری تفویض نموده و امروز مالِ او هستم. من هیچ قدرت و استطاعتی ندارم؛ بیچاره و عاجزم. گذشته از این مطالب، من نمی‌فهمم دوستی را. چه، جُز دو نفر کسی را دوست نداشته‌ام؛ فقط مادرم و پدرم را دوست می‌دارم. غیر از این دو نفر، کسی را دوست نخواهم داشت. آه! آه! خدا نکند من با این اسارت و سختی که دارم، خیالم مَشوب شود و اختیارِ دلم از دست برود. خانم! خانم! مُستدعیم مرا به‌حالِ خودم گذاشته، گمراهم نکنید. دیگر از این صحبت‌ها، اجازهٔ گفتن ندارید.»

گفت: «مقصود از اظهارِ این مطلب، جُز این نبود که اگر شما هم او را دوست می‌دارید و به او قولِ دوستی می‌دهید، او می‌تواند قلمِ بُطلان بر عقد و عروسی شما کشیده و شما را برای خودش عروسی کند.»

گفتم: «این کار امکان‌پذیر نیست؛ زیرا پدرِ سلطان و مقتدرِ من هیچ روزی این اقدام را نخواهد کرد. زیرا سلاطین را فقط اقتدار به قول و استقامت است. دیگر این‌که همین روزها عروسی خواهرِ من با این جوان شروع می‌شود. از طرفِ من بگویید من راضی به این مطلب

نیستم و ابداً از این موضوع حق گفت‌وگو ندارید.»
پس از این کلام، از جای برخاسته، به او گفتم: «برویم!»
سکوتِ کامل، چون سکوتِ مرگ، فوراً ایجاد شد. ما دو نفر هر کدام به فکرِ مخصوصِ خود مشغول بودیم و خیلی با تأنّی به‌طرفِ خیابان حرکت کردیم.
بوی گل و شکوفه از اطراف، مشغولِ عطرافشانی بود و نسیم ملایم خُنکی برچهرهٔ برافروخته و ماتَم می‌وزید. زیرِ پای خود، ورطهٔ عمیقی ملاحظه می‌نمودم که به انواع و اقسام گل‌های خوش‌رنگِ الوان روی او را پوشیده که به اندک لغزش، دَر او سرنگون خواهم شد.
یک رشته خیالاتِ جدیدی در من تولید شده بود که خالی از وحشت و هراس نبود. قلبم به‌قدری گرفته و مُرتعش بود که به‌هیچ علاجی قادر بر توقفش نبودم.
به‌همین حال، پس از چند دقیقه رسیدیم به همان مکانی که پرستارها منتظرِ من بودند.
دده‌جانم با کمالِ ملایمت و ملاطفت، مرا ملامت‌ها کرد که: «تمام این باغ را گردش کرده، شما را نیافته‌ام. کجا بودید؟ مادرت آمد و شما را ندید. متغیّر شد و خیلی اوقات‌تلخ، در عقبِ شما آمد.»
من فوری یک لرزِ عصبانی در خود مشاهده کرده، گفتم: «من کنارِ دریاچه، با آن خانم، روی نیمکت نشسته، ماه را تماشا می‌کردیم، و پُر دور از این‌جا نبودیم.»
در این بین‌ها، پدرم از اتاقِ خوردنگاه بیرون آمده، خیلی بشّاش و خوشحال، شروع به گردش کرد. وقتی به من رسید، بی‌اندازه ملاطفت و مهربانی کرد و خیلی تماشا کرد انعکاسِ چراغِ بزرگِ گازی را که روی من و لباس‌هایم افتاده بود. پس از آن، چَند عدد پولِ طلا به من داد و بعد با خانم همراهِ من شروع به صحبت کرد.
در این بین، ملیجکِ عزیزکردهَ هم از یک‌طرف پیدا شد و یکسر

به حضورِ پدرم آمد. پس از تعظیم و تکریم، عرض کرد: «مُطرب‌ها حاضرند. آیا اجازه دارم ایشان را بیاورم یا خیر؟»

فرمودند: «بیاورید!»

در موقعِ مراجعت، یک نگاهِ عمیقی پُر از محبّت به من کرده، بی‌خودانهَ، یک دِسته‌گلی که باغبان سلطنتی پس از هزار زحمت و مبالغی خرج، از گُلخانه به‌این ظرافت پیچیده به او تقدیم کرده بود، به‌دور افکنده، سرافکنده و محزون دور شد.

ما هم همراهِ پدرم به محلِ تماشاگاه رفته، هرکدام روی یک صندلی، در پشتِ چیق، قرار گرفتیم.

من به‌محضِ نشستن در صندلی، از خیال نرفته، سرم را به‌طرفِ پشت متمایل نموده، چشم‌ها را برهم گذاشته، مشغولِ فکر شدم.

آری، مدتی بود که طراوتِ قلبِ مجروح و دلِ خونینِ مرا سنگلاخ‌های ناامیدی از انظار پنهان نموده و نورِ امید جُز حرارتِ سردی در وی باقی نگذاشته بود. و من بودم در یک زحمتی که اسم و لغتش بر من مجهول بود و یک زندگانی آرامِ ساکتِ محزونی دارا بوده، بدونِ هیچ دغدغهٔ خیال، شب و روزی می‌گذراندم. اما در این یک ساعت، هرج و مرج غریبی در این زندگانی سادهٔ آرام من تولید شده، و هزارها خیالاتِ وحشتناک در مخیلهٔ من عبور و مُرور می‌نمود. این قلبِ پاکِ جوانِ نورسِ من که مانندِ سطح دریاچه پاک و روشن بود، از این مکالمه کدورتِ فوق‌العاده‌ای پیدا کرده و به‌هیچ علاج قابلِ تسلّی نبود. هر دقیقه احساس می‌نمودم که می‌روم بمیرم و خیلی اینِ کلمات به گوشم بدآهنگ و غیرقابلِ استماع آمده بود. و یک نفرتِ عجیبی از این زن‌پدرِ عزیزِ خودِ در قلب احساس نموده، خیلی میل داشتم در مدتِ عُمر، با او متکلّم نشوم.

در این حالی که غرقِ دریای فکر و اندوه بودم و خیالِ خود را بی‌اندازه مضطرب و پریشان می‌یافتم، احساس کردم که دو لبِ بامحبّتی پیشانی مرا بوسید.

چشم باز کرده، مادر خود را دیدم.
با یک آهنگِ قشنگی که مانندِ صدای موسیقی به گوش من می‌رسید، گفت: «آیا کسالتی داری؟ آیا سرت درد می‌کند؟»
برخاسته، دستش را بوسیدم. گفتم: «خیر! حالم خوب است.»
گفت: «پس چرا رنگت پریده؟»
نگاهی به او کرده، گفتم: «نه. من که در وجودِ خود احساسی جُز مسرت نمی‌کنم.»
گفت: «بسیارخوب. بنشین و تماشا کن.»
این صدای ملایم شیرین تخفیف داد تلخی‌های خیالاتِ مرا و یک‌اندازه رفع دلتَنگی و حُزن را نموده، مشغولِ تماشا شدم. ولی در هر دقیقه، در پَشتِ سرِ خود، احساسِ صدای پایی نموده، به‌محضِ این‌که برگشته نگاه می‌کردم، این جوانک را دور و بَر خود دَر طواف دیده، با چشم‌های پُر از محبّت و عشقِ او که مانندِ شعلهٔ آتشی به من اثر می‌کرد، تلاقی کرده، فوراً سرِ خود را به‌زیر افَکنده، مشغولِ فکر می‌شدم.
من تا آن شب، به‌این اندازه خود را در رنج ندیده بودم. نگاه‌های این جوان مرا مسموم می‌کرد و یک حالتِ مخلوط به مرگی به من پیشنهاد می‌نمود. من هیچ‌وقت از نگاه‌کردن به این جوان هراسان نبودم و همیشه آزادانه به او نگاه می‌کردم، ولی از این شب، خیلی ترسان بودم از نگاه کردنِ به او و بی‌خودانه سعی می‌کردم چشمم به صورت او نیفتد. زیرا احساس می‌کردم یک صاعقه و طوفانِ عظیمی را که در وجودِ من شروع به ظهور کرده بود.
زن‌پدرم که پهلوی من نشسته بود، مُکرر می‌گفت: «فلانی! الحذر! الحذر! چرا این‌قدر تغییرِ رنگ و چهره می‌دهی؟ چرا این‌قدر خودت را باخته، دلتنگی؟»
من جوابی به سؤالاتِ او نداده، مشغولِ فِکرِ خود بودم.
در این بین، سبدِ گُلی دیدم که دسته‌گُل‌های زیادی در او بود،

در دستِ آن جوان که به تمام خانم‌ها دانه‌دانه تقدیم می‌نمود. تا این که نزدیک من رسید. ایستاد و با یک صدایی که به‌زحمت شنیده می‌شد، گفت: «آه، ماهِ من! بگیر این دسته‌گل را و بگذار در نقطه‌ای که همیشه برضدِ من متحرّک است.»

دسته‌گل را به دستِ من داد.

من مبهوت و بی‌اراده، به این جوان یک نگاهِ مجنونانه کرده و گفتم: «با من تکلّم نکنید!»

گفت: «اطاعت می‌کنم.» و یک مُشت گُل‌های الوان که در دست داشت، زیرِ پای من پراکنده کرد و رفت.

آه، معلم عزیزِ من! من نمی‌توانم احساساتِ آن دقیقهٔ خود را برای شما بنویسم. همین‌قدر می‌دانم که این دسته‌گُل در دستِ من به‌قدری سنگین شد که روی زمین افتاد و من در اطراف، بیابان‌های پُرآتش و خیالِ مُشتعل تصور کرده، گاهی هیاکلِ موحش می‌دیدم که از وسطِ آتش، با صدای مهیب و خشن مرا دعوت کرده، گاهی تصور می‌کردم که مرا زجر و شکنجه می‌نمایند.

چشم‌ها را رویِ‌هم گذاشته، خود را در قعرِ صندلی مکان دادم.

یک‌مرتبه دیدم کسی می‌گوید: «ای بی‌احتیاط! ای بی‌فکر!»

نگاه کردم، زن‌پدر را دیدم که دسته‌گل‌ها را برداشته، به من می‌گوید: «عزیز من! چه شد؟ چرا گل‌ها را دور انداختی؟ آه، آه، ببین، ببین این کاغذی است که به دسته‌گل آویخته. آیا فکر نمی‌کنی این گل را کسِ دیگری ببیند؟»

آه! منِ بیچاره از محذوری خلاص نشده، دچارِ محذور دیگری می‌شدم. و امشب، به‌قدری وقایع غیرمنتظره دیده بودم که منقلِ سرخی پُر از خون در برابرِ نظرم جلوه کرده و لاینقطع در شقیقه‌هایم که با تپش‌های متوالی در تلاطم و ضربان بودند، گرفتگی دردناکی شبیه به آن‌که کمی قبل از جنون پیدا می‌شود، احساس نموده، گوش‌هایم مُتصل صدا می‌کرد. طوفان‌های خون در کلّه‌ام موج‌های

پُردردِ آتشین زده و همه‌وقت در میانِ این‌همه انقلاباتِ داخلیه، یک کلمه پشتِ سرِ هم به گوشم می‌رسید: «بگیر این دسته‌گُل را و بگذار در نقطه‌ای که همیشه برضدِ من متحرّک است!»

گل را گرفته، نگاه کردم. در میانِ دسته‌گُل، یک کارتِ کوچکی بود که روی آن فقط این چند کلمه نوشته بود:

من تو را دوست می‌دارم!

امشب، این مرتبهٔ دویمی بود که می‌شنیدم کلمهٔ «دوستی» را درحالتی که این گوینده مادر و پدرِ من نبود. به‌قدری این کلمه در نظرِ من غیرآشنا و مکروه بود که گیوتین در نظرِ واجب‌القتل.

کارت را پاره کرده، در جیبِ خود پنهان نمودم و مشغول تماشا شدم.

این سازِ قشنگ و بازی‌های مطبوع، تمام، در نظرِ من خسته‌کننده بود. خیلی میل داشتم زودتر به منزل رفته، از هیاهو و اجتماع دور شوم و به فکرِ مخصوصِ خود و وقایعِ مهمِ امشب فکر نمایم.

بازی تمام شد و ما به منازلِ خود رفتیم.

امشب، اول‌شبی بود که من می‌رفتم نخوابیده باشم و اول‌شبی بود که خوابِ شیرینِ کودکانهٔ لذیذ بر من حرام و تلخ شده بود و دچارِ یک نوعِ زحمتِ زوال‌ناپذیری شده بودم. بالاخره، حتی‌القوه، مجال و فراغت به زن‌پدرم نمی‌دادم که با من تنها صحبت بدارد. خودم هم خیلی احتیاط می‌کردم مبادا باز این کلمات را بشنوم.

روزها و شب‌ها به‌سرعتِ برق می‌گذشت. در همین ایّام، عروسی خواهرم با کمالِ شکوه و جلال منعقد شد. من می‌رفتم که یک دخترِ یازده‌ساله بشوم. لیکن این عشق و محبت با تمام انجماد و سردی و سکوتِ من، در این جوان تخفیف نیافت، بلکه اَبداً از اظهار، خسته و کسل نمی‌شد. به‌هر بهانه بود، اظهار اطاعت و انقیاد می‌کرد و عشقِ خود را به من می‌رساند. من هم کم‌کم در خود، یک خلجانِ خاطری ملاحظه کرده، گاهی به‌نظرِ دقّت به او نگاه می‌کردم.

صورتش خوشگل و قابلِ‌عشق نبود، لیکن نگاه‌هایش مانندِ تیرِ زهرآلود به قلبِ من مؤثر می‌افتاد و امکانِ گریز نبود. احساس می‌کردم من‌هم به دیدنِ او مایلم. و اگر برِحسبِ اتفاق یک روزی به‌حضور بودم و او نبود، مثلِ این بود که گم‌کرده‌ای داشتم. گاهی، چنان مستغرقِ تماشای او می‌شدم که در اطرافم از هر مقوله صحبت بود، نمی‌شنیدم. اغلب از من می‌پرسیدند: «در عمارت یا در حضورِ پدرت کی بود؟ چه شد؟» من نگاه کرده، می‌گفتم: «نفهمیدم!» و حقیقتاً نفهمیده بودم، زیرا خیالم به یک نقطه متوجه بود. لیکن هیچ‌وقت امکان نداشت بتوانم با او صحبت کنم، و ابداً ممکن نبود چیزی برای او بنویسم، و هیچ هم نگفتم من تو را دوست می‌دارم؛ چون معنی این کلمه بر من مجهول بود.

عروسی عروسک را با عظمت و احترامی شروع کردیم و از حضرتِ پدرم، برای مخارجِ عروسی، صد عدد پولِ طلا گرفته، تهیه و جهازِ کامل همراهِ عروس کردیم.

در این عروسی، این جوانک فقط توانست کاغذی به من بفرستد که در آن کاغذ، از انواع عذاب‌ها و زحمت‌هایی که کشیده و می‌کشید، قصّه کرده بود.

پس از این عروسی، پدرم به سفر رفت و چهار پنج ماه در خارج بود. و در این مدت، من هیچ این جوانک را ندیدم؛ زیرا او هم رفته بود و به من خیلی سخت گذشت، زیرا زن‌پدر و مونسِ شبانه‌روزِ من‌هم به سفر رفت. ولی به‌واسطهٔ این که برادرم کوچک بود، مادرم نرفته بود. با سایرِ حرم‌خانه که در شهر مانده بودند، پس از چند ماه مراجعت کرده، به شهر آمدند. و من از دیدارِ زن‌پدرِ عزیزِ خود بی‌اندازه بشاش بودم. او به من قصه می‌کرد گردشگاه‌ها و صفا و طراوتِ این سفر را و من به او قصّه می‌کردم تنهایی‌ها و زحمت‌های خود را.

بالاخره یک دستمالِ سفیدی که دارای لکه‌های خون بود به من داد و گفت: «این سوغات را به شما فرستاده و گفته این دستمال

آلوده شده است از اشک. این خون‌ها هم خونی است که در یک موقعی که بی‌اندازه دلتنگ شده بود، دستِ خود را پاره و مجروح کرده است.»

من خیلی متأثر شدم و دیدنِ این شیءِ وحشتناک بی‌اندازه مرا پریشان کرد.

امشب، اول‌شب است که پس از چند ماه، من این جوان را می‌بینم. در این مسافرت، این بدبخت نتوانسته بوده است خودش را نگاه‌داشته، حرکاتِ مجنونانه نکند. اغلبِ خانم‌ها به این مطلب پی بُرده، مسبوق شده بودند. و کم‌کم این حرف همهمه و آشوبی برپا کرده بود، ولی از ترسِ پدرم، کس را قدرتِ اظهار نبود.

در نارنجستان، اُرکستر آورده، بعد از شام، تمام خانم‌ها در آن‌جا جمع بودند. خیلی شبِ مُفرحِ مطبوعی بود. من از دیدارِ پدر و دیدنِ اجتماع خیلی مسرور بودم. زیرا در نبودنِ پدر، تمام ساعاتِ شبانه‌روز را به‌کسالت می‌گذراندم و هیچ‌قسم اشتغالِ خاطری نداشتم. تمام خانم‌ها خوشحال و خندان در گردش، اُرکستر مشغولِ نواختن، فرح و انبساط از در و دیوار تراوش کرده، عموم خوشحال و مسرور بودند.

در این بین، این جوانک آمد و در حضورِ همه ایستاد. با من یک تعارفِ مطبوعی کرد و گفت: «آه، خانم! من درجهٔ تأسف خود را نمی‌دانم به‌چه زبان به شما بیان نمایم تا قبول کنید که در این سفرِ خیلی قشنگ که امتداد داشت تا کنارِ دریا، شما نبودید. اما اگر در ظاهر نبودید، باور کنید که همیشه در قلب و فکر من بودید و جُز شما کسی نبود.» بعد، باکمالِ احترام، تعارفِ قشنگی کرده، دور شد.

من به‌جای خود خشک و مبهوت ایستادم و این چند کلمهٔ خیلی ساده و واضح اثرِ غریبی در من کرد. چشمم دیگر نمی‌دید و گوشم نمی‌شنید. به دیوار تکیه کرده، دست‌های خود را به صورت گذاشتم.

پس از مدتی که در حالم تخفیفی پیدا شد، دیدم او دور شده، ولی روبروی من، به درختِ نارنجی تکیه کرده و به این طوفانِ خیالِ هرج و مرج من تماشا می‌کند. و جابرانه، برگ‌های درختِ نارنجِ کوچکی را که طبیعت موردِ انتقام و غضبِ او قرار داده، می‌کَنَد.
این گفت‌وگو و تغییرِحال، همان آن، در میانِ خانم‌ها منتشر شد و هرکدام حدیثی می‌کردند و سخنی می‌گفتند.
من زیرِ بارِ نگاه‌هایی که از اطراف، مانندِ گلوله، بر من می‌بارید، پایمال شده بودم. به‌هر طرف نگاه می‌کردم، چشمم تصادف می‌کرد با یک چشمِ پُرحیرتی که تفتیش و کنجکاوی از او آشکار بود.
امشبِ من برَعکسِ اولش که مسرور بود، باز غرقِ اندوه و زحمت شد. و من هرآن تصادف می‌کردم به یک زحمتِ جدیدی که در نظرم غیرآشنا بود. و همین‌طور، زحمتِ طرفِ مقابلِ من هم کمتر از زحمتِ من نبود.
امشب هم به‌همین قِسم گذشت.
در همین ایّام، خانوادهٔ شوهرِ من اجازهٔ عروسی مرا از پدرم خواسته، و این یک دردِ تحمل‌ناپذیری بود برای این جوانک. لیکن پدرم اجازهٔ عروسی نداد، بلکه متغیّر شد که: «این دختر حال خیلی کوچک است، باشد برای بعد.»
و این اجازهٔ عروسی علّت داشت. زیرا در سالِ آینده، می‌رفت که «قرنِ شاه» شروع بشود. و البته در چنین جشنِ بزرگی، هرکس به‌فراخورِ خود، بر امتیازات و منصبِ خود می‌افزود. و چون از بَدوِ امر، مرا به این خیال برای پسرش گرفته بود که به ترقیّاتِ فوق‌العاده برسد و امتیازاتِ بی‌حد و اندازه بگیرد، پس موقعی بهتر از این عروسی نبود. زیرا ناچار، این عروسِ تازه موردِ مرحمت، و هرچه تقاضا می‌کرد، سریع‌الاجرا بود.
این را فراموش کردم برای شما بنویسم که در موقعی که مرا شیرینی خوردند و نامزد شدم، پدرشوهرم به لقبِ سردار اکرم مفتخر و

سرافراز شد.

تمام ماها را که مردم برای خودشان یا پسرشان می‌گرفتند، مقصودِ اصلیِ خودشان بودند که به‌واسطهٔ داشتنِ دخترِ سلطان در خانهٔ خود، هرگونه تعدّی و تخطّی نسبت به مال و جان و ناموسِ مردم کنند، موردِ مؤاخذه نشده، مختار و مجاز باشند. بیچاره ما که اسلحه‌ای برضدِ مردم بودیم! و بالاخره همین اسلحه را طبیعت به‌روی خودمان کشید.

من اغلب فکر می‌کنم و می‌بینم انسان چطور در خوابِ غفلت است و به‌چه اندازه از خدا دور، و دچارِ آرزوهای عجیب است و ابداً قانع به پیشامد و قسمت نبوده، در مقابلِ طبیعت همیشه مقاومت می‌کند. غافل ازین‌که او هرچه می‌خواهد، می‌کند، و این در وادی حسرت و ناامیدی می‌مانَد.

زندگانی چیست جُز آرزوهای سریع‌الزوال؟

فیلسوفی آگاه از شاعرانِ عرب می‌گوید: «زندگانی سراسر رنج و تعب است. و من متعجب نیستم، مگر از کسی که به امتدادِ این عمر آمیخته به محنت، مایل باشد.»

یک تأملِ سطحی به ما می‌فهمانَد که این معنی از قبیلِ خیال‌بافی نیست و سخن‌پردازی نه. روزی و ساعتی بر ما نمی‌گذرد که اَدلّه و شواهدِ بسیار صحّتِ آن را بر ما ثابت نکند. مگر نه این است که جملهٔ مردم در میدانِ مجاهدهٔ زندگی، گرمِ پوییدن‌اند؟ شب و روز، بر بارگی برق‌رفتارِ سعی و عمل سوارند و آسودگی را از زحمت، نیک‌بختی را از مشقّت، سلامت را از مهلکه و مخاطره طلب می‌کنند؟ آری! این مقاومت‌ها، خودکشی‌ها و مراجعت‌ها، اساسِ استقرارِ عالم است و علّت‌العللِ ترتیب امورِ کارخانهٔ آفرینش. اگر مجاهدهٔ استمراری نوعِ بشر نبود، رشتهٔ انتظامِ گیتی از یکدیگر می‌گسیخت و موجوداتِ جهان ترقی نمی‌کردند، بزرگ از کوچک ممتاز نمی‌گشت و زشت و زیبا ازهم تشخیص داده نمی‌شد.

اگر دورهٔ اولِ نژادِ انسانی را به‌نظر آوریم، هیکلی عجیب خواهیم دید: گرسنه و برهنه، که در بیابان سرگردان مانده، راه به‌جایی نمی‌بَرَد. آثارِ ذلّت و مسکنت از حرکاتش آشکار است. متصّل در فکر است که چیزی به‌چنگ آورده، تنورِ تافتهٔ معده را با خوردنِ آن تسکین دهد. سپس در شکافِ کوه‌ها، مدخلِ غارها و پناهِ سنگ‌ها خزیده، شبی به روز آوَرَد. همواره از بیم جانورانِ بر خود بلرزد. این‌ها لباسی را که طبیعت بخشیده، پوشیده‌اَند و او لُخت است. این‌ها با چنگال و ناخن و دندان مسلح‌اند، او سلاحِ مدافعه ندارد. این‌ها گله‌وار در حرکت‌اند، او تنهاست. تنها چیزی که در این محیطِ حیرت و وحشت، او را از صدمات حفظ می‌کند، قوهٔ تعقل و تدبیرِ اوست. همین‌که از مسألهٔ وحشت و عداوت بگذریم، می‌بینیم همین نژادِ بشر ساز و برگی آماده ساخته و گردن به دعوی برافراخته، قصرها و عمارات بنا کرده، زمین را تصاحب نموده، آفاقِ آسمان را مُستمر داشته، سطحِ دریا و فضا را جولانگاهِ سفاین و مراکزِ طیّارهٔ خویش قرار داده و قوای نهانی طبیعت را به اطاعتِ خود درآورده است. انسانی که صاحبِ این قابلیّت و استعداد است، آیا همان انسانِ ذلیلِ زبون، همان آدمِ درماندهٔ بیچاره است که در بیابان‌ها با حیواناتِ به‌سر می‌بُرد؟ آرَی، همان است. بعد از آن‌که جانش از درماندگی به لب رسید، حریفِ مُبرمِ احتیاج بر عجز و ناتوانی‌اش افزود. به‌قدر وسع و طاقت، تن به کار داد، راهِ چاره‌جویی به‌روی خود گشود و روزگاری بس دراز، بر این شیوه مداومت ورزید تا درطی چندین هزار قرن، مقدمهٔ تمّدنِ اجمالی به‌ظهور رسید و به‌تدریج به مقام و رتبهٔ امروزی نایل گردید.

پس امروز، من نباید متعجب باشم از حرص و جاه‌طلبی مردم. هرقدر تدارکِ انسان وسیع‌تر می‌شود، بر احتیاج وی می‌افزاید. هرقدر در جادهٔ تعیّش و تنعّم پیش‌تر می‌رود، بهتَر آن را طالب است. باز گنجشک را شکار می‌کند و به فریادِ استمدادِ او گوش نمی‌دهد.

انسان برّهٔ شیرخواره را سر می‌بُرَد، مرغ هوا و ماهی دریا را می‌گیرد و برای پرورش خود، به‌مصرف می‌رسانَد. حیوانات وقتی طعمهٔ لذیذ یا چراگاهِ پُرآب و علف پیدا می‌کنند، با یکدیگر به جدال و نزاع می‌افتند.

عجب نیست اگر انسان‌ها برای حکومت یا ریاست، عروسی انتخاب کرده، دخترِ سلطانی را بگیرند. اما تعجب در این است که هیچ‌وقت انسان به آن مقصد نمی‌رسد. مثلِ این‌که این بیچاره هم به آن آخرین نظرِ خود نرسید و یک اتفاقِ غیرمنتظره سراسرِ خیالاتِ او را ازهم درید، و آن قتلِ پدرم بود که سالِ بعد اتفاق افتاد.

در همین ایّام، پدرِ من به دخترِ دوازده‌ساله‌ای عشق پیدا کرده بود که خواهرزنِ او بود؛ دخترِ همان باغبان که دخترِ اولش شریکِ سلطنتِ ایران، و دخترِ دومش می‌رفت که در شرکت توسعه بدهد. این خواهرِ همان زنی بود که سال‌ها موردِ الطافِ ملوکانه واقع شده بود و هرچه می‌خواست، می‌کرد. دختری بود سرخ و سفید، با چشم‌های سیاهِ درشت، دیوانه و دارای تقاضاهای عجیب. اسم او ماه‌رُخسار که تقریباً حقیقت داشت، زیرا بی‌اندازه مطبوع بود. زَبانش به‌قدری شیرین و کلماتش به‌قدری نمکین بود که بیهوده مجذوبِ او می‌شدند. اول، این عشق یک هوس و خیالی بود، کم‌کم می‌رفت که خیلی بزرگ بشود.

خواهرِ بزرگش حسود و در این موضوع بی‌اندازه لجوج بود. در اول، چون تصور نمی‌کرد میلِ شاهانه به این سرعت ترقی کند، خودش اسباب بود برای اتصال. پس از این‌که میل را منجر به عشق و نزدیک به جنون دید، دیوانه‌وار بنای هیاهو گذاشته، شروع به حرکاتِ زنانه نمود. در اول، از طرفِ پدرم چندان اعتنائی به حرکاتِ او نشد. لیکن بالاخره مجبور شد ثالثی در این بین داشته باشد که این کار را به‌طورِ خوش و بدونِ‌صدا اصلاح نماید. این زن هر روز، موردِ تلطفاتِ بی‌اندازه و مراحمِ ملوکانه واقع می‌شد. پول‌های گزاف و جواهراتِ

گران‌بها برای او فرستاده می‌شد. ولی او هرچه سلطان را خاضع‌تر و بیچاره‌تر می‌دید، بر شدّت و حدّتِ حرکاتِ نالایق افزوده، راهِ معاشرتِ بیچاره پدرم را با خواهرش مسدود می‌نمود. عمارت‌های عالی به او مرحمت شد. ملک‌های پُرمنفعت به او داده شد. خانه‌های عالی در خارج خریده شد. هیچ‌یک اثری در وجودِ او نکرد.
پدرِ بیچارهٔ من در این روزها، خود را بدبخت‌ترین سلطان‌های عالم تصور می‌کرد و به‌کلّی عنانِ اختیار از دست داده بود.
به دلتنگی اعلی‌حضرتِ سلطان، تمامِ سرای دلتنگ بودند و مطلب به‌قدری پُراهمیّت شده بود که در هر گوشه و کناری، صحبت از این قضیه بود.
عجب در این بود که این دختر دوازده‌ساله، به پدرِ من اظهارِ عشق و تعلق کرده بود. و این دختر عشقِ خود را با کارهای کودکانه که از روی کمالِ صداقت و درستی بود، اثبات می‌نمود. مثلاً با منعی که از طرفِ خواهرِ بزرگش می‌دید، باز وقتی پدرم را می‌دید، دوان‌دوان خود را به آغوشِ او انداخته، باگریه می‌گفت: «آه، آمدی؟ خوب کردی آمدی. امروز مرا ده مرتبه بیش‌تر کتک زدند، برای این‌که دلِ من برای تو تنگ شده بود و برای تو گریه کرده، عکسِ تو را می‌بوسیدم.»
و خوب می‌دیدم که این کلمات ساده چه اثری به قلبِ این بیچاره می‌کند. چطور عشق را با اُبهّتِ سلطنت می‌خواهد جلو بگیرد؟
آخ! پدرِ بیچارهٔ من بی‌اختیار او را در حضورِ همه می‌بوسید و می‌گفت: «تو شاه را دوست بدار، عزیزِ من! که شاه هم تو را دوست می‌دارد!»
آن‌وقت این دختر بنای بازی و حرکاتِ بچّگانه را گذاشته، با سر و صورتِ پدرِ من بازی می‌کرد و خود را در آغوشِ او افکنده، می‌خوابید. به‌محضِ این‌که می‌خواستند او را از پدرم دور بکنند، ناله و گریه را شروع می‌کرد.

آه! معلم عزیز من! این‌جا، به‌نظرِ استحقار به پدرِ من نگاه نکن. زیرا اوِ در این عشق، مُضطر بود. این بیچاره سلاطین اول‌بدبختِ روی کُرهٔ زمین هستند. زیرا از بَدوِ طفولیّت، جُز دروغ و تملق و ریا ندیده و نشنیده‌اند. هرکس به آن‌ها تعظیم کرده، یا از ترس بوده یا از احتیاج. هرکس به ایشان محبت کرده، یا پول خواسته یا جواهر. هرکس به آن‌ها خدمت کرده، یا حکومت خواسته یا امتیاز. پس عجب نیست که در مقابلِ تمامِ حرف‌های مردم که ریا و تقلّب و مسموم بوده، این پدرِ من به سَخن‌های صادقانهٔ این طفل دل بسته و عشقِ او را در این آَخرِ عُمر، قبول کرده و در مقابل، چنان عشقِ شدیدی به او عوض داده بود. این دو عشق که یکی از صداقت و دیگری از عدم اعتماد به خلق ظاهر شده بود، قدرت و استقلالِ فوقِ تصوری به خواهرِ بزرگ این دختر داده و درواقع، سلطانِ حقیقی ایران در آن زمان، این زن بود. هرچه می‌خواست می‌کرد و هرچه می‌خواست می‌گفت.

در این هرج و مرج غریبی که از عشقِ زنی در دربارِ به این عظمت تولید شده بود، منتَظرینِ چنین روزی فرصت پیدا کرده، میدان را خالی دیده، اسب‌دوانی را شروع نموده بودند.

این انقلابِ خیال و این آشوبِ حال برای پدرم مجالِ رسیدگی به امورات باقی نگذاشته، و مهامِ رشتهٔ سلطنت به دست دو نفر افتاده بود که این دو نفر باهم ضد و دَشمن بودند: یکی برادرم نایب‌السلطنه بود، یکی میرزا علی‌اصغرخانِ صدراعظم.

این صدراعظم و شخصِ اولِ مملکت نوهٔ زال، یک گبر، بوده است و از طرفِ مادری هم یهودی. پدرش در اوایلِ سلطنتِ پدرم، آبدارچی و خیلی بی‌عُرضه بوده است. کم‌کم در آبدارخانه ترقی کرده، به‌مُرورِ ایام، امین‌السلطان می‌شود.

تعجب نکنید از این‌که پسرِ زال در دربارِ سلطنتِ ایران، امین‌السلطان بشود. زیرا پدرِ من یکی از پولیتیکاتِ عظیمی که برای استقلالِ

سلطنتش به‌خاطرش رسیده بود، این بود که اشخاصِ پَستِ بی‌علم را مصدرِ کار نماید. گویا تاریخِ رِوولسیونِ فرانسه را زیاد خوانده بوده است که خانواده‌های بزرگ را باید مضمحل و نابود کرد و اقتدارِ علم را با جهل، نیست و نابود ساخت.

غافل از این‌که جهل یک مدتی رواج می‌یابد، ولی پس از آن علم به‌هر نحوی که شده ظهور نموده، اثراتِ خود را خواهد بخشید. مثلِ این‌که وقتی مهرِ فروزان از ساحتِ سپهر، به نهان‌خانهٔ مغرب می‌خرامد و در اعماقِ افقِ بی‌کران از انظارِ ما ناپدید می‌شود، روی زمین را تاریکی و سیاهی فرامی‌گیرد. اما آهوی خاوری بامدادان، با چهرهٔ درخشان، سر از حجلهٔ آتشین برآورده، عالم را در امواجِ اشعهٔ زرّینِ خویش غرق می‌کند و تمامِ کائنات را به اعطای نور و حرارت خرسند می‌نماید. طیورِ درختانَ به جوش و خروش آمده، نباتاتِ رنگارنگ برای پذیراییِ مَقدمِ خُسروِ ستارگان سر از خوابِ گرانِ دوشینه برداشته، ملکهٔ گل بَا جمالِ دل‌آرای خود، خطهٔ زُمرّدینِ چمن را آرایش می‌دهد، قطراتِ ژاله در لاجوردی برگ‌ها می‌غلتند، کوه و دشت و درّه، جویبار، صحرا و دریا و مناظر خود را به شما تماشاییان تقدیم می‌کنند. جهانِ خفته بیدار می‌شود و هر جانداری در سیارهٔ مسکونی ما، به کارِ خود مشغول می‌شود.

بعد از فوتِ این امین‌السلطان، همین میرزا علی‌اصغرخان اول، امین‌السلطانِ بعد، صدراعظم می‌شود. و خیلی زود چالمهٔ یخ ارثی خود را فراموش می‌کند و با برادرم که نایب‌السلطنه و امیرکبیر و وزیرِ جنگ بود، طرفیّت پیدا می‌کند.

این صدراعظم و شخصِ اول حریقِ بی‌انتهایی بود که هیچ پایان نداشت. تمامِ پولِ مملکت در کیسهٔ او و برادرش امین‌المُلک بود. پس از این جَهات، یعنی آیا او سیر می‌شد؟ زیادتی او به خارج نشر می‌کرد و سایرین نیز شاد می‌شدند. عشقِ غریبی به ذلّتِ مملکت داشت و اساسِ آتیهٔ خود را همیشه محکَم می‌خواست. از ظلم و

تعدی دربارهٔ رعایا کوتاهی نداشت، لیکن به یک استادیِ قابلِ تحیّری، تمام را به گردنِ برادرِ بیچارهٔ من می‌گذاشت. و این برادرِ عزیزِ مرا منفورِ عامه واقع می‌نمود. از جمله کارهایی که در دورهٔ عمرش می‌کرد این بود که به فُقرا و سادات بی‌اندازه همراهی و معاونت می‌کرد و برای تمام مقابرِ مقدّسه شهریه و حقوق برقرار کرده بود. مالِ رعیّت را بی‌مهابا خرج و تلف می‌کرد. تصور می‌کرد ارثیهٔ مرحوم امین‌السلطان است! در حالتی که غفلت داشت از این‌که این پول راَ مأمورینِ بی‌انصافِ دولتی از زارعین و رنجبران و بیچارگان، به‌ضربِ شَلاق گرفته، به او می‌دهند. و تمام کارهایی که ریا در او منظور بود، با طیبِ خاطر انجام داده، در واقعَ می‌خواست قبولِ عامه داشته باشد.

حالِ صدراعظم خیلی شباهت به حالِ آن مردی داشت که در شبِ تولدِ اسکندرِ کبیر، معبدِ دیان را که یکی از اربابِ انواع بود، آتش زد که اسمش تاریخی شده، در صفحهٔ روزگار بمانَد. این شخص هم از هیچ‌گونه دسیسه‌کاری و تخریبِ مملکت و انهدام سلطنت کوتاهی نداشت و همچنین برضدِ استقلالِ برادرِ من. درَ واقع، مملکتِ ایران و این رعایای بیچاره دستخوشِ هوا و هوس این صدراعظم شده، مآلِ تاریکی را منتظر بودند. و امروز، ما نتیجهٔ اعمالِ او را خوب می‌بینیم.

به زن‌ها عشقِ غریبی داشت و هر شب در پارک و عمارتش، از این قبیل اشخاص متعدد پذیرفته می‌شدند. و تمام این زن‌ها با پول‌های گزاف و رشوه‌های بی‌شمار اداره شده بودند که از برادرم در هرجا بد گفته و از صدراعظم تعریف کنند و تمام اخبارِ مردم را به او بدهند. در واقع، یک دسته پلیس‌مخفی از فواَحش داشت که تمام افعال، اعمال و خیالاتِ مردم را صحیح به او راپُرت می‌دادند. اغلبَ شب‌ها را مشغولِ قمار بود و اگر احیاناً یک شب چند لیره می‌باخت، صبح حاکمِ شیراز را تغییر داده، صدهزار تومان می‌گرفت یا یک

خانوادهٔ قدیمی صاحب مکنتی را در پیشگاهِ سلطان مُقصر و محبوس کرده، با مبلغ‌های گزاف آزاد می‌کرد.

حالِ او خیلی شبیه به حالِ یکی از سلاطینِ روم بود که از خانوادهٔ سزار، قیصرِ معروف، بوده. این سلطان کالیگولا نامیده شده، بعد از تی‌بِر به سلطنت رسید. ابتدا، به‌مهربانی با مردم و سپاهیان رفتار می‌نموده، محبوسین را آزاد کرده، به مردم منتهای رأفت را داشته است. اما چیزی نگذشت که به‌کلّی تغییرِ حالت داده، سفّاکِ خونخوار شد. خواهرِ خود را به‌زنی گرفت. پس از این‌که خواهرش مُرد، حُکم داد او را مانندِ رب‌النّوعی بپرستند و صورتِ او را مجسمه ساخته، در معابد گذاشت. حتی اسبِ خودش را لقبِ کاهنی داده بود. زن‌های مردم را ضبط، و بعد رها می‌نمود. از قرارِ مذکور، این امپراتور گفته است که: «من در بارهٔ همه‌کس، همه‌کاری را حق دارم مُجرا بدارم.»

روزی، از تمام بزرگان و اعیان مهمانی می‌کند. بعد شروع به خنده می‌کند. سببِ خنده را سؤال می‌کنند.

می‌گوید: «از این بابت خنده می‌کنم که می‌توانم در نیم‌ساعت، تمامِ شما را گردن بزنم.»

یکی از کلماتِ غریبِ او این است که می‌گوید: «ای‌کاش تمام مردمِ روم یک سر داشتند و آن یک سر را من به یک ضربه جداً می‌کردم!»

این صدراعظم و شخصِ اولِ مملکت نیز همین عقیده را داشت. و غریب‌تر از همه این است که تمام را مُجرا نموده، پدرم را کُشت، برادرم را خانه‌نشین کرد و دولتِ ایران را به اجانب فروخت.

در همین ایّام که این شخص مشغولِ آزارِ مردم و خرابی مملکت بود، مُخرّبین زیاد بودند. مثلاً آقابالاخان نامی که طرفِ مهر و محبتِ برادرِ من بود، به پشت‌گرمی و همراهی برادرم، دستِ تعدّی به جان و مالِ مردم گشوده، از هرطرف حمله‌های سخت به رعایای

بیچاره می‌نمود و از قتل، غارت، دزدی و گردآوری پول هیچ‌گونه کوتاهی نداشت. از طرفِ دیگر، طایفهٔ طالشی‌ها که طرفِ مهر و محبتِ پدرم بودند، انواع و اقسام، مالِ مردم را بُرده، رعیّتِ بیچاره را ذلیل می‌کردند. از طرفِ دیگر، حُکّام به مال و جانِ مردم ابقا نکرده، هرچه می‌خواستند می‌کردند. از طرفِ دیگر، برادرِ دیگرم ظل‌السلطان از سفّاکی و ظلم و جور دربارهٔ مردم کوتاهی نکرده و از ایلات، دشمن‌های متعدد برای خانواده ایجاد می‌نمود.

مملکت در حالِ نَزع، تمامِ رعیّت بیچاره و مفلوک، حُکّام با مُنتهای قدرت مشغولِ ظلم و جور. به‌قدری پولیتیکِ ایران تاریک و مردم دلخون و جَری بودند که از تمامِ چهره‌ها آثارِ نارضایی هویدا بود. می‌رفت که صدای رعدآسای ملّت اساسِ سلطَنت را متزلزل و نابود ساخته، خود را از فشارهای پی‌درپی خلاص نماید.

در این اواخر، از گوشه و کنار، گاهی صدایی برخاسته، ولی پدرم به‌وسایل و به‌لطایفِ اتحاد، فوراً آن را خاموش می‌نمود. از جمله تفصیلِ رژی و تفصیلِ آسیدجمال افغان است که بالاخره نتیجهٔ هولناکی از آن ظهور و بُروز نمود. از طرفِ دیگر، مَلکم‌خان در خارجه شروع به آتش‌فشانی نمود. امین‌الدوله هم کم‌کم مشغول بود به باز کردنِ چشم و گوشِ مردم.

در ظاهر، همان سلطان و همان سلطنت برقرار بود، ولی در باطن، اوضاع فوق‌العاده خراب و روز به روز رو به انهدام بود. اگر شخص مآل‌اندیش، درست، به‌نظرِ دقت می‌نگریست، باید می‌گفت: «سلاَم بر سلطنتی که در زوال است!»

در تمامِ این هیاهو و این‌همه مُعاندِ وطن‌خراب‌کن، پدرِ بیچارهٔ من هم غرقِ عشق و گرفتاری داخلی بود.

از این عشق و هرج و مرج خانوادگی، میرزا علی‌اصغرخانِ صدراعظم نه تنها به برادرِ من موفق شد، بلکه تمام اسرارِ مخفی سلطنتی را درک نمود و به دستورالعملِ خارج و پیش‌بینی‌های خون‌آلود، هر

روزه، بر گرفتاری‌های پدرِ من می‌افزود و دایرهٔ فساد و ریاکاری و خرابی به مملکت را وسعت می‌داد.

پدرم از دستِ حرکاتِ مُستبدانهٔ این زنی که محبوب و مطبوعش بود و زمان‌ها او را با تمام قلب دوست می‌داشت و امروزه بدبختانه به خواهرِ کوچکِ این زَن عشق پیدا کرده بود، به تنگ آمده، از گفت‌وگَوی روبرو خسته شده، این کار را رسمیّت داده، همین صدراعظم خوش‌نیّت را اسبابِ اصلاح کار قرار داده، اجازه داده بود که باَ این زن که به همانَ اسم پدرش ذکر می‌شد و «اولادِ باغبان‌باشی» می‌گفتند، گفت‌وگو کَرده، به‌هر نحوی که هست، او را رضا نماید که پدرم خواهرِ او را تزویج نماید.

صدراعظم از این پیشامد خوشحال می‌شود و قبول می‌کند.

در همین ایّام نیز از اطراف، به شاه عرض شده بود که صدراعظم پولِ گزافی از خارجه گرفته، مشغولِ دسیسه‌کاری است. و انواع و اقسامِ خیانت‌های او نسبت به دولتَ و ملّت کشف شده، به سَمعِ سلطاَن رسیده بود. لیکن یک صدراعظمی را بی‌جهت و وسیله‌ایَ نمی‌شد کُشت یا معزول کرد. در خصوصِ او هم گفت‌وگوهای زیادی بود که صدراعظم مقتول یا معزولِ شود. از این طرف، صدراعظم وسیله‌ای برای کشفِ اسرارِ خُفیهٔ سلطنتی لازم داشت و قصهٔ ماه‌رُخسار بزرگ‌ترین وسیله برایَ او بود.

این شخصی که امین‌السلطانِ مملکت و سلطنت بود، این شخصی که نام و جانِ ما و ناموسِ مملَکت در دستِ او بود، این شخصی که به‌قدری طرفِ اعتمادِ حضَرتِ سلطان بود که اجازهٔ ورود به حرمسرا به او داده شده بود، این شخَصِ نجیب نمک‌شناس، این شخصِ خیرخواه، در مواقع مذاکره، چنانَ به‌استادَی با این زن‌پدرِ بیچارهٔ من صحبت می‌کرد کَه عاقل‌ترینِ زن‌ها هم البته فریب خورده، اسرار خود را بُروز می‌دهند. و در ضَمنِ مأموریتِ مصلحانهٔ خود، این صدراعظمِ شریر تمامِ مطالبِ دولتی را از این خانم بیچاره کشف

می‌کرد. و این بیچاره‌زن غفلت از این داشت که این جوابِ سؤالات بالاخره پردهٔ خون‌آلودی به او نشان خواهد داد.

از آن‌جا که این خانم طرفِ مهر و اعتمادِ فوق‌العادهٔ پدرِ من بود، در مواقع خواندن و مطالعهٔ کاغذجاتِ مهم، این زن چراغ پشتِ سرِ پدرِ من نگاه می‌داشت. پدرم گمان نمی‌کرد او می‌تواند اقسام خطوط را بخواند، یا از شدّتِ محبّت، تصور نمی‌کرد هیچ‌وقت اینَ زن اسرارِ مملکتی را بُروز بدهد. لذا چندان در قید نبود و تمامِ این کاغذها را شب به‌طور محرمانه، در اتاق تنها، مطالعه می‌کرد.

فردا، این صدراعظم، درطی مذاکراتِ خود، از این خانم بیچاره استخراج می‌کرد و در ضمن، استفاده بُرده، دامنهٔ شیطنتِ خود را برای انهدام پدرِ بیچاره وسعت می‌داد.

در ضمنِ اینَ که از این‌طرف مشغولِ کار بود، دو نفر دختری که باهم خواهر بودند، یکی موسوم به فاطمه و دیگری نُصرت، را مُحرک شد که به حرمسرا، به خدمتکاری آمده، راپُرت‌های شبانه‌روز را به او بدهند.

عجب نیست اگر افعی احساس کند که دندانش را می‌خواهند بکشند، فوری کِشندهٔ دندان را هلاک کند. آری، ذلّت و مسکنت و گذشته، در زمانِ خوشی و بزرگی، فراموش می‌شود. آبدارخانه و چالمهٔ یخ در طاقِ نسیان می‌مانَد. ریاست و پول و پارک و اقتدار البته نمک‌خوارگی را محو می‌کند. ظلم، جور، خونریزی و تعدّی قساوتِ قلب می‌آوَرَد. حُکم سریع‌الاجرا، تعظیم و احتراماتِ فوقِ شئوناتِ غیرِمنتظره، سبعیّتَ می‌آورد. هیچ شکایتی و ملامتی به این شخصِ حریصِ جاه‌طلب نباید کرد اگر برای خاطرِ دام ظلم و ریاستِ خود، پدرم را قربانی کرد. بلکه باید از پدر شکایت کرد که چرا باید چنین شخصِ اول و صدراعظمی ایجاد کرده، مملکت را خراب و خود را مقتولَ ساخته، آیندهٔ ایران را تاریک نماید؟ اگر این صدراعظم کسی بود که از روی استحقاق صدراعظم شده بود، پدر

و مادر و خانواده و خودش تحصیل کرده، حقوق خوانده بود، شاید خیانتِ فطرتش کم‌تر می‌بود و اگر به ولی‌نعمت خیانت می‌کرد، به ملّت نمی‌کرد. اگر سلطان را خونخوار تصور می‌نمود، واجب‌القتل می‌دانست، زارعِ بیچارهٔ رنجبرِ بدبخت را به اجانب نمی‌فروخت. اسمِ خیانت را گناهِ عظیم می‌شمرد، چه دربارهٔ دولت، چه دربارهٔ مملکت. افسوس که یک نفرِ عوامِ ساده‌لوحِ جاه‌طلبِ شریری بود و از هیچ زحمتی دربارهٔ ایران کوتاهی نکرد.
تکلیفِ هر دختری سوگواری و عزاداری برای پدر است. اما من برای پدرم همان اندازه متأسفم که دختری برای پدرش. اما برای این آب و خاک که وطنِ من و موجبِ اسبابِ نشو و نمای من است، بیش‌تر محزون و دل‌خونم. و در این ساعت که این کلمات را می‌نویسم، مثلِ این است که پردهٔ غفلت از پیشِ چشم برداشته شده و تمامِ وقایعِ گذشته را از روبروی من به‌طورِ دفیله رد می‌کنند.
آه و افسوس که یک مملکتی و یک ملّتی قربانی حرص و آزِ یک نفر شد!
اما معلم من! باور کنید که در این ساعت، من به این پدر افتخار می‌کنم و او را بَری از هر عیب و تقصیر می‌دانم، زیرا این بیچاره یک نفر بود و بیش از این نمی‌توانست و اگر به او فرصت داده بودند، در «جشنِ قرن» به رعیّت آزادی داده و اساسِ مشروطیّتِ محکمی برای ایران فراهم کرده و این صدراعظم را در پارلمانِ ملی، به‌حُکم قانون، تقصیراتش را ثابت نموده و به قتل می‌رساند. اما افسوس که خیلی زود و خیلی زودتر از خیال، او ملتفت شده و از چنین خیالِ عالی بزرگ جلوگیری نموده، ملّتِ بیچاره را به طوفان‌های عظیم استقلال‌شکنانه عرضه نمود.
در همین ایّام، پَس از استخراج مطالبِ مهمّه و پس از این‌که این قصه را چند ماهی طول داد، بالاخره این خانم را راضی کرد که پدرم خواهرش را تزویج کند؛ لیکن به‌شرایط بسیار. از جملهٔ شرایط

یکی این بود که پس از تزویج، پدر من باید ماه‌رخسار را در حرمسرا نگاه ندارد و در خارج برای او منزل بگیرد. نقشهٔ عجیب و جسارت غریبی بود. بالاخره موفق شد.
این پدر بیچارهٔ من که کورکورانه و نفهمیده، تمام اسرار سلطنتی را به این صدراعظم خائن بروز می‌داد، این نقشهٔ اخیر را همراهی عظیمی دربارهٔ خود فرض کرد و قبول کرد که بگوید در خارج او را نگاه دارد. چون زن‌ها می‌گویند شوهرجان‌شان هرچه میل دارد در خارج بکند و روبروی ما نکند. غافل از این‌که جان و مال این شوهر، به‌اضافهٔ آبرو، در خارج است و نه در منزل.
باری، منزلی در خارج ترتیب داده، این دختر را صیغه کرده، به آن خانه بردند. نظرِ این صدراعظم از این خارج شدن ماه‌رخسار از حرمسرا چه بود؟ عمدهٔ مقصودش این بود: چون پدر من سلطان است، روزها نمی‌تواند از کار مملکتی سرپیچ شده، در انظار مردم به خانهٔ معشوق رفته، مشغول عیش شود. ناچار، شب‌ها می‌رود. اگر روز آمد و شد کرد، این صدراعظم می‌تواند به رعیّت بگوید: «سلطان شما لاابالی و فلان است. صبح تا شام، کار مملکتی را رها کرده، مشغول تفریح است.» این نکته را پدر بیچاره ملتفت شد و شب‌ها بنای مراوده گذاشت. ناچار، در شب، اثاث سلطنتی همراه ندارد. مواظب ندارد. تنها یا با یک نفر پیشخدمت با یک کالسکهٔ معمولی خواهد رفت و در موقعِ آمد و رفت، صدراعظم می‌تواند فرصت کرده، او را به‌قتل برسانَد. در حقیقت، فکر اساسی حقیقی کرده بود، اما از این راه موفق نشد. نمی‌دانم چرا.
قرنِ شاه نزدیک بود و می‌رفت که پس از چند ماه دیگر شروع شود. تمام خانم‌ها مشغول تهیه و تدارکِ قرن بودند. به‌واسطهٔ اصلاح بین او و ماه‌رخسار و موفق شدن پدرم به این کار، آن کدورت غمناکی که چند ماهی بود همه را فراگرفته بود، محو، دوباره آن حال بشاشت و خوشحالی شروع، زندگانی را از سر گرفته، دربار جدیدی احداث

شده بود.

این پدر عزیز من به‌قدری مسرور و خوشحال بود که حد و حصری بر او متصور نبود. با تمام مهمانان یکسان لطف و مرحمت می‌نمود، هرچه می‌خواستند می‌داد و به‌هیچ قِسمی نمی‌توانست مسرت خودش را مخفی بدارد؛ علی‌الخصوص در مواقعی که به‌جای عریضه‌جات پُرتقاضا، رقعهٔ عاشقانه به دستش می‌رسید.

در این مدتی که کدورت تمام دربار سلطنتی را از خارج و داخل احاطه کرده بود و دقیقه به دقیقه، تمام منتظر و مترصد آن نقطهٔ آخر کار و عمل بودند، من‌هم روزگار را به‌کسالت می‌گذراندم، چون می‌رفتم که بفهمم محبت چه، دوستی کدام است و خوب حس می‌کردم که این جوان را دوست می‌دارم. ولی هیچ‌وقت از وظیفهٔ خود خارج نشده، تخطی و تجاوز نکرده، اختیار از دست نداده، احتیاط را فراموش نکردم. احدی از این میل قلبی و محبت من نسبت به این جوان مسبوق نبود؛ حتی خودش هم نمی‌دانست و نمی‌فهمید. لیکن او کاری به این نداشت که من هم مایلِ او باشم. او در تمام این انقلابات و اغتشاشات داخلی، هیچ ساعتی این کلمه را فراموش نمی‌کرد و روزی ده مرتبه به‌توسط عَمر و زید، به من می‌گفت: «من تو را دوست می‌دارم!» و من تنها در جواب، آهِ طولانی کشیده، چشم‌های خود را پُر از اشک کرده، به‌طرف آسمان نگاه می‌کردم. طولی نکشید که این جوان عنان اختیار از دست داد. دیگر نتوانست درد خود را مخفی بدارد. تمام اهل حرمسرا این طوفان عشق را می‌دیدند و به یکدیگر قصه کرده، می‌گفتند. طبیعت هم به‌یک اندازه با این بدبخت همراهی کرده بود. در تمام ساعات شبانه‌روز، دقیقه به دقیقه، عشق و سروری تازه شروع می‌شد. هر روز، در منازل خانم‌ها، مهمانی‌های بزرگ برپا می‌شد و در هر عمارتِ شخصی سلطان یا در دیوان‌خانه یا در تالار ابیض، انواع و اقسام سازها، تئاترها، اُرکسترها و بازی‌ها شروع می‌شد و این بیچاره می‌توانست

اغلب مرا دیده، از دور تماشا کند.
پدر من در این روزها، به‌کلّی حال اطفال را پیدا کرده بود و از شدّت مسرت، دقیقه به دقیقه، اسباب عیش و عشرت را فراهم می‌نمود. اغلبِ شب‌ها در تاریکی مطلق، حُکم گشت و تفرّج می‌داد. در بین تفریح، از غلام‌بچه‌ها و خواجه‌هاَ قبلاً صورتِ خیالی درست کرده، دستور داده بود یک‌مرتبه خود را نشان داده، زن‌ها و خانم‌ها را بترسانند. و این‌ها فریاد زده، فرار کرده، زمین خورده، بترسند و او بخندد. بیش‌تر شب‌ها، مجلس قمار دایر بود. پول‌های تازه، سکّه‌های قشنگ برّاق از جیب درآورده، در میان خانم‌ها تقسیم کرده، مشغول بازی می‌شدند.
یکی از بازی‌هایی که من خیلی دوست داشتم و مایل بودم در تمام شب‌ها که این بازی دایر است حضور داشته باشم، بازی‌ای بود که پدرم اختراع نمود و اسم آن بازی را «چراغ خاموش‌کنی» گذاشته بود.
در اندرون، صد عددی چراغ گاز بود؛ لیکن چراغ الکتریک تازه اختراع شده بود و تمام عمارات سلطنتی را چراغ الکتریک کشیده بودند. محل این بازی تالار ابیض بود و به‌واسطهٔ وسعت مکان، آن نقطه را پدرم برای این کار انتخاب کرده بودند.
در شبی که این بازی شروع می‌شد، از عصر، به خانم‌ها خبر می‌دادند که امشب «چراغ خاموش‌کنی» است. زن‌های محترم و خانم‌های بزرگ اغلب حاضر نمی‌شدند، چون برای خود وَهن عظیمی می‌دانستند. لیکن سایرین حاضر شده، باکمال بشاشت، این بازی را شروع می‌کردند.
این بازی که آن‌قدر اهمیّت داشت و همه دوست می‌داشتند، بازی کودکانه‌ای بود در ظاهر. اما در باطن، پدر من مقصود عظیمی از این بازی داشت: اولاً می‌خواست از داخلهٔ حرمسرا کاملاً مستحضر و مسبوق باشد. دیگر این‌که می‌خواست بداند کدام خانم‌ها باهم

دشمن و کدام دوست هستند. و این بهترین وسیله برای فهم این کار بود.
در اوایل، این خانم‌ها مطلب را ابداً نفهمیدند، سهل است در اواخر هم نفهمیدند مقصود چه بود. فقط سطحی تماشا کرده، این را هم مثل یک نوع اشتغال خیال تصور می‌کردند.
این بازی عبارت بود از خاموش کردن چراغ. در تاریکی، همه حُکم قطعی در آزادی داشته تا همدیگر را ببوسند، کتک بزنند، گاز بَگیرند، کور کنند، سر بشکنند، دست بشکنند، مختار بودند. تمام این خانم‌ها در اول شروع به بازی، در میان تالار می‌نشستند؛ مشغول صحبت بودند. پدرم روی صندلی، پهلوی دکمهٔ چراغ می‌نشست. همین‌طور که این‌ها مشغول صحبت بودند، چراغ را خاموش می‌کرد. یک‌مرتبه هرج و مرج غریبی ظاهر، صداهای فریاد استغاثه و فحش و ناسزا بلند، فغان برپا؛ هرکسی مشغولِ کاری. اگر بااخلاق بود، فوراً به گوشه‌ای خزیده، خود را زیر نیمکَت یا میز یا صندلی مخفی کرده، جانی به‌سلامت درمی‌بُرد. اگر وحشی بود، کتک می‌زد و کتک می‌خورد. و البته می‌دانید در همه‌جا، اکثریّت با اشخاص شریر است. پس، در همین بین‌ها که صدای هیاهو و شیون بلند بود و تاریکی مطلق بر عظمت آن‌ها می‌افزود و محضر غریبی به حاضرین می‌نمود، مثل یکی از زاویه‌های جهنم که انسان منتظر هزاران خطر است، ناگاه چراغ روشن، و هرکس به‌هر حالتی بود، دیده می‌شد. اغلب لباس‌ها پاره‌پاره، گونه‌ها و صورت‌ها خون‌آلود، عریان و مکشوف‌العوره که از شدّت کتک خوردن، قطعهٔ بزرگِ لباس‌شان فقط یک‌رُبع متر بود؛ صورت‌ها موحش، موها پریشان، چشم‌ها سرخ و غضبناک. اغلب آن‌هایی که بااحتیاط‌تر بودند، زیر میزها و صندلی‌ها پنهان شده و پاها و دست‌هاشان بیرون بود و هیکل عجیب غریبی به‌نظر می‌رسیدند. و تعجب در این است که به‌محض روشن شدن چراغ، تمام مشغول خنده شده، دوباره این کار شروع

می‌شد.
پس از این‌که تقریباً دو سه ساعت این بازی ادامه داشت، بالاخره مجروحین مورد الطاف و اشخاصی که لباس‌هاشان پاره و بی‌مصرف شده بود به اعطای پول لباس سرافراز، مجلس ختم، بیچاره‌ها پراکنده شده، تا صبح در منزل خود مشغول اصلاح حال خود بودند.
و من تعجب می‌کنم که در موقع شروع، دوباره حاضر شده و با یک مسرتی، خود را به مشت و لگد عرضه می‌کردند.
من در این شب‌ها، پشت سر پدرم می‌ایستادم و به‌کلّی از جملهٔ اشرار محفوظ بودم. تا این‌که در یک شبی، همین‌طور که مطمئن ایستاده بودم، یک‌مرتبه، از عقب سر، دستی قوی از گیس‌های من گرفته و مرا با یک جدّیت فوق‌العاده روی زمین انداخت. شروع به کشیدن کرده، گیس مرا دور گردنم پیچیده، با فشار سختی صدای مرا که بی‌اختیار فریاد می‌زدم، خاموش کرد. چیزی نمانده بود خفه شده، بمیرم که یک‌مرتبه چراغ روشن شد و مرا به‌حال نیمه‌جان دیدند. مرتکب اینِ کار خیلی به‌سرعت فرار کرده بود، لیکن کشف شد. و این کنیزِ کُردی بود از کنیزهای پدرم و از کسان همان خواهرم که زنِ عزیز بود. تطمیع و تحریص شده، پولی گرفته بود که به من اذیّت کند. خواسته بود یک‌مرتبه، هم مرا و هم آن‌ها را از زحمت خلاص کند. اما چون خدا نخواست و باید در این تئاتر بزرگ زندگانی پرده‌ها تماشا کنم، زنده ماندم.
پس از این قضیه، این بازی موقوف شد. و این‌کار، اسباب نزاع بین مادرم و زن‌پدرم شد.
بالاخره، مادرزن عزیزکرده برای مادر من پیغامی داد که شرح قضیه از این قرار است: «داماد من دختر تو را دوست می‌دارد و اگر تو چارهٔ این‌کار را نکنی، به شاه عرض خواهم نمود.» و تمام تقصیر را به گردن من وارد کرده بود، چون از مادرم می‌ترسید.
بیچاره من بی‌تقصیر از هیچ کجا خبر ندارم و نمی‌فهمم در غیاب

من، برای من چه تهیه شده است.

مادرم در جواب گفته بود: «من از دختر خودم مطمئنم. لیکن اگر باور کنم و ببینم این مسأله صحّت دارد و شما درست می گویید، من این دختر را کُشته، نعش او را می‌سوزانم.» لیکن ابداً به‌روی من نیاورد. به تمام اهل خانه سفارش کرد این مطلب را از من پنهان کنند و من ندانم مادرم از این قضیه آگاه است و خودش طوری مجدّانه از من نگه‌داری کرده که قدمی تنها و بدون او غیرمقدور بود بردارم.

در تمام گردش‌ها، تفرّج‌ها، شبانه‌روز، مادرم با من بود و منتهای سعی را می‌کرد که با کسی متکلم نشوم. من‌هم چون بی‌تقصیر بودم و مطلب مهمی نداشتم، از بودن با او خوشحال بودم و به‌هیچ قِسم از این همراهی، کدورتی نداشتم. لیکن معاندین و حسودانِ بی‌انصاف از هیچ‌گونه کنایه دربارهٔ من کوتاهی نکرده و ابداً خود را نمی‌توانستند راضی کنند که دست از آزار من بیچاره برداشته، راحتم بگذارند؛ به‌هر حرکت کودکانهٔ من پیرایه بسته، شرح و تفسیرات عجیب می کردند.

بالاخره مادرم مجبور شد لباس‌های فاخرِ عالی را از تنِ من بیرون کرده و یک‌دست لباس ساده بر من بپوشانَد. در میان تمامِ لباس‌های من، آن لباسی که میل داشت، پیدا نکرد؛ چون تمام قیمتی و قشنگ بود. مجبوراً، یک‌دست از این لباس‌های قشنگ را به یک نفر از همبازی‌های من بخشیده، لباس کثیف او را گرفته، به من پوشاند و به من فرمان داد که امروز را به حضور پدرم بروم تا این‌که پارچهٔ ساده گرفته، برای لباس تهیه کنند.

من از این پیشامدِ غیرمنتظره بی‌حد و اندازه پریشان و دلتنگ و به کلّی دیوانه شدم. کلمات کفرآمیز گفته، شروع به گریه کردم که: «امکان ندارد من با این لباس چرک مُندرس از منزل خارج شده، در حضور این‌همه جمعیّت بروم. کلیتاً من از اتاق بیرون نخواهم آمد.»

به مادرم اطلاع دادند که من لباس‌ها را کَنده، دور انداخته‌ام و عهد

کرده، قَسَم خورده‌ام که خود را زنده دفن کرده، از اتاق خارج نشوم.

مادر عزیز من این مطلب را بهانه کرده، حرف‌های زشت مردم را به‌خاطر آورده، به اتاق من آمد؛ در حالی که از شدّت غضب، از حالت طبیعی خارج شده، به‌محض ورود، بی‌مقدمه در را از داخل بسته، شروع کرد مرا ملامت کردن و تأدیب کردن؛ به‌عبارت واضح‌تر، کتک‌زدن.

آه، بیچاره منِ مظلوم! منِ بدبخت! من که در این اتاق نه راه فرار داشتم، نه فریادرسی. تمام سر و صورت من کبود، خون‌آلود، گیس‌ها همه کنده و پراکنده، لباس پاره‌پاره. و این بی‌انصاف مادرم هم از ضربات متواتر به‌هیچ‌گونه کوتاهی نداشت و زیر دست و پای او، نیمه‌مرده، به زمین افتاده، مشغول جان دادن بودم.

خدمه و پرستارها به‌ضرب سنگ، در را باز کرده، داخل اتاق شدند و مرا از دست او گرفتند.

تمام زن‌پدرهای من که در این حیاط منزل داشتند، به‌هیأت اجتماع آمده، مادر مرا ملامت کردند که بدون جهت و بدون تقصیر، این طفل بی‌گناه را چرا این قِسم مجروح کرده؟

مادرم را بردند و من در بغل دایهٔ خود بی‌جان افتادم. هرچه در اطراف من گفته می‌شد، نمی‌شنیدم و هرچه می‌دیدم، تشخیص نمی‌دادم.

معلم من! از این حرکت وحشیانهٔ مادرم، یقیناً در این ساعت متأثر خواهی شد. لیکن وقتی در افراد یک جماعت، اعم از خوب یا بد بنگریم، قابلیّت اخلاقی این اشخاص هرچه باشد، قابلیّت و شایستگی آن‌ها نیز همان است.

علمای فن اخلاق از تفاوت‌های شخصی صرف‌نظر نموده، صفات مشترکه را دارای اهمیّت می‌دانند و این اوصاف عمومی را «اخلاق اجتماعیّه» می‌نامند. اخلاق اجتماعیّه از مکتسبات شخص انسان نیست، بلکه ارثاً به او منتقل شده و با فطرت وی امتزاج یافته و به‌همین جهت،

حُکما او را «ملکات رایحه» نامیده‌اند. این علم با ممیزات خصوصی قطعاً سر و کاری ندارد و صفات عمومی را به‌دقت معاینه می‌کند. اخلاق مطلق اوصاف و قابلیّات است؛ چنان‌چه علم کیمیا، اوصاف ترکیب عضوی را از نقطه‌نظر خاصی، تحلیل و مطالعه می‌کند.
مهم‌ترین مناسباتی که مردم را مثل حلقه‌های زنجیر به یکدیگر بسته و مربوط ساخته، مناسبات اخلاقی است. این مسأله به‌قدری با سایر مناسبات زندگی ارتباط دارد که نمی‌توانیم بگوییم کدام‌یک از این‌ها حق برتری را می‌تواند تصاحب نماید. حُکمای بزرگ که سالیان دراز از عمر خود را صرف تحقق این‌کار کرده‌اند، از دایرهٔ این دور و تسلسل نتوانسته‌اند خارج بشوند.
چرا از عقاید حُکما برای شما می‌نویسم؟ خودِ شما تاریخ را خوب می‌دانید. تاریخ دنیا به ما می‌فهمانَد که فرمانروایی مطلق تا چه اندازه تباه‌کنندهٔ اخلاق است. وقتی مادر از ساعت تولد، طفل خویش را از خود دور و جدا نموده، در تربیت بدنی و مزاجی او اهمال کند و تهیهٔ لوازم زندگانی این کودک شیرخوار را خود به‌شخصه فراهم نکند، برای خاطر استراحت خودش، از شیر دادن به طفل مضایقه کند، بچهٔ بیچاره را از غذای طبیعی او محروم ساخته، به دایه بسپارد و این کودک از محبت حقیقی پدر بهره نَبَرَد و از آغوش تربیت مادر دور افتاده باشد، وقتی بزرگ شد، گذشته از این‌که در امور زندگانی، کُند و عاجز و ضعیف‌الاراده خواهد بود، البته مادرش هم آن اُنس و رأفت را به او نداشته، اولاد خود را با مهربانی حقیقی دوست نخواهد داشت.
پس عجیب نیست با چنین بی‌اخلاقی و عدم اُنس، اگر منِ بیچاره، بی‌تقصیر، مضروبِ واقعی بشوم؛ بلکه تعجب کنید از این‌که چرا من در زیر لگد نمردم و آن اخلاق جابرانه مرا نکشت؟
بزرگی و تشخیص و استقلال خود یک نوع قساوت قلبی در انسان تولید می‌نماید؛ چه برسد به این‌که اولاد خود را هم از روز تولد از

خود جدا و فقط رَسمانه مادر باشد.

این قصه را یکی از زن‌پدرهای من در همان روز، به پدرم عرض کرده بود. نه تنها این تعدّی مادر را نقل کرده بود، بلکه تمام قضیه را از بَدوِ امر گفته بود.

پدرم بی‌اندازه متغیّر شده و مادرم را در خلوت صدا کرده، انواع تهدیدات را به او می‌کند که: چرا آن‌قدر عوام و ساده‌لوح است که به حرف دشمن مغرض، با من این قِسم رفتار می‌کند؟ و جداً به او منع و قدغن می‌کند که دیگر این مطلب را بی‌پرده نکرده و ابداً نگذارد در این موضوع گفت‌وگویی به خارج نشر شود و مرتکبین این واقعه را هم با تهدیدات زیاد جلوگیری کرده، قَسَم می‌خورَد اگر کسی در این موضوع صحبتی بکند، گذشته از اخراج از حرمخانه، به حبس ابدی مؤید نماید.

در همان حالتی که من افتاده، مجروح بودم، خواجه آمد و مرا از طرف پدرم احضار کرد.

منِ بیچاره با آن حال فلاکت، لباس پوشیده، به‌حضور رفتم.

هیچ فراموش نمی‌کنم آن ساعتی را که آخرین نوازش پدر بیچارهٔ من بود. و من پس از آن شب، دیگر پدرم را نداشتم؛ یعنی یک ماه از این شب گذشته، پدرم مقتول شد.

آه، چه چهرهٔ بدبختی! چه هیکل مطبوعی! چه سخن بامحبت و رأفتی داشت پدر من!

من باوجودی که طفل بودم، هنوز آن آهنگ مطبوع صدای او را فراموش نکرده، بلکه در تمام مدت زندگانی، همیشه صدای پدرم را شنیده‌ام.

پدرم نیمه‌عریان و مشغول نماز بود. با صدای قشنگ محزونی نماز می‌خواند و هر وقت سر را به‌طرف آسمان بلند می‌کرد، یک خضوع و خشوعی، یک قطعیّت کامل در چهرهٔ او پیدا می‌شد. و خدا را به یک سختی می‌خواند که من از دیگری جز پدرم، آن آهنگ

نشنیده، ندیده‌ام. روبرو ایستاده و پدرم را تماشا می‌کردم.
پدرم سلطان و آقای من بود، اما فوق‌العاده او را دوست می‌داشتم. در تمام مدت حیاتش، جز محبت، جز احترام، از او ندیده بودم. او به من نگاه می‌کرد. موقعی که باظرافت نگاه می‌کردم، پس از این که از نماز فراغت پیدا کرد، با یک خنده مرا صدا کرده، روبروی خود نشاند و دست پُرمرحمتی بر سرم کشید و بانظر شفقّت به رویم نگاه کرد و گفت: «کجا بودی؟»
عرض کردم: «در منزل.»
پرسید: «چه می‌کردی؟»
گریه گلویم را گرفت و گفتم: «هیچ!»
نگاه طولانی عمیقی به من کرد و گفت: «به‌زودی تو را شوهر خواهم داد و اغلب، به منزل تو خواهم آمد و تو باید به من خدمتگزار باشی.»
لب‌ها را به پیشانی من گذاشت، بوسهٔ پُر از مهری، خیلی خفیف و مطوّل نموده، سرِ مرا در دو دست نگاه داشت.
آه، معلم عزیز مَن! در تذکار این دقیقه، قلب من از حرکت افتاد. الان قلم در دستم سنگینی می‌کند و ناچارم ساعتی نوشتن را ترک، و خود را آرام نمایم.
ای خدای من! ای خدای من! پس از بیست و هفت سال، این ساعت، گرمی دو لب مطبوع پدر خود را حس می‌کنم. آه، چه بوسه‌ای که سراسر قلبم را به‌لرزه آورد و از شدّت خوشحالی، انجمادی در تمام خونم تولید کرد. زبانم از گفتن بازماند، چشمم نمی‌دید، گوشم نمی‌شنید. محبتی، محبتی پاک و باعظمت و سراسر افتخار، در آن ساعت، رشتهٔ حیاتم را قطع کرد. نفسم از تنگی مجرا، فریاد زد و سراسر وجودم را یک لرز خوشوقتانه اداره کرد.
معلم من! اگر پردهٔ ضخیم نسیان روی پیشامدها نیفتد و شداید را از صحیفهٔ خاطرها محو نکند، زندگانی انسانی یقیناً زود و زوال‌پذیر

است. ای‌کاش کاخ زندگی من در آن دقیقه منهدم می‌شد و قبل از آشامیدن جرعهٔ زهرآگین مفارقت از همچه پدری، یک طالع مساعد، یک بخت موافق، پیمانهٔ عمر مرا لبریز می‌کرد و از زحمت بی‌پدری خلاصم می‌نمود. کاش در آن ساعت، دفعتاً به تب شدیدی گرفتار، به اندک فاصله، به ظلمت‌سرای نیستی داخل می‌شدم. افسوس و دریغ که آن تب، آن مرض مهلک نیامد و از گریبانم نچسبید. با این‌که انسان بانهایت آسانی رهسپار دیار فنا می‌شود، اما اگر بخواهد، به‌سهولت نتواند بمیرد؛ خون به دَوَران خود مشغول است و سایر اعضاء به وظایف خود اشتغال دارند.

بالاخره امشب را در کمال خوشی و راحتی گردش کرده و پس از این قصه، به‌کلی راحت بودم. زیرا آن پسر حرکات مجنونانهٔ خود را ترک کرد و من هم با نظر نفرت و دلتنگی او را تماشا می‌کردم. به‌همین قسمت، این مطلب ختم شد و دیگر در این موضوع، هیچ قسم گفت‌وگویی نشد و این محبت کودکانه در طاق نسیان و فراموشی ماند.

تمام مردم در فکر جشن و تهیهٔ قرن بودند و مسرت و خوشحالی به اعلادرجه رسیده بود. هیچ گفت‌وگویی نبود جز قصهٔ جشن و اقسام لباس‌ها، زینت‌ها و جواهرها.

تمام خانم‌ها از صبح تا شام، مشغول خرید پارچه‌های ممتاز و جواهرات قیمتی اعلا بودند. آنی از تهیه و تدارک غفلت نداشته، هر شب تمام تهیه‌های روزانهٔ خود را به‌حضور عرض کرده، جواهرات خود را آورده، ارائه می‌دادند. لیکن در تمام این خوشحالی‌ها، یک‌نوع کدورتی احساس می‌شد که معنی حقیقی او مجهول بود. در تمام این چهره‌های خوشحال، علامت تردید، به‌وضوح، آشکار بود.

در یکی از این شب‌ها، پدرم خیلی مسرور و بشاش به حرم آمده، نماز خواند و مشغول صحبت شد.

خواجه‌ها وارد شده، لباس روز قرن را آوردند. این لباسی بود از ماهوت مشکی اعلا که زینت داده شده بود با مرواریدهای درشتی که پدرم به‌سلیقهٔ خود انتخاب کرده بود؛ با یک تاج اعلا، آن‌هم از مروارید.

خانم‌ها با یک همهمه و ازدحامی، لباس‌ها را تماشا کرده، تعریف‌ها نمودند. صدای خنده و خوشحالی تمام فضا را گرفته بود. تنها کسی که در تمام این هیاهو، ساکت و غمناک بود، انیس‌الدوله بود که با یک وحشت و اضطرابی، شوهرِ عزیزِ یگانهٔ خود را تماشا کرده، مُشرف به بیهوشی و افتادن بود و اَز اینَ عدم اعتنای پدرم غرق در حیرت و حسرت.

این زنِ باوفا، این زنِ پاکدامن، این زنی که شوهرش را با تمام دل و جان دوست می‌داشت، این زنی که بعد از مرگ شوهرش طولی نکشید که مُرد، این زن از قبل، احساس سرّی کرده و از آمد و رفت زیاد صدراعظم به منزل باغبان‌باشی مشکوک شده، یکی از خدمهٔ او را به‌هر نحوی که بوده، راضی می‌کند که مذاکرات آن‌ها را به او بگوید. او هم قبول کرده، تمام پرده به پرده به انیس‌الدوله می‌گوید. این زنِ باعزّت ظنین شده، توسط بهرام‌خان خواجه از خارج هم تفتیش کرده، مواظب حرکات این صدراعظم می‌شود. تا این‌که تقریباً چیزی درک کرده، تفصیل را به شوهر عزیزش عرض می‌کند.

نه این‌که پدرم از این شخص مطمئن بود، نه! لیکن نخواسته بوده به حرف یک زن، خود را باخته، دست به قدرت سلطنتی بزند.

اعتنائی نکرده، به این زنِ عزیزهٔ خود می‌گوید: «شما اشتباه کرده‌اید. به دلایل چند، خیال است که می‌کنید؛ اصلی ندارد.»

این زنِ بیچاره باوجودِ این جواب، اگرچه ظاهراً سکوت می‌کند، لیکن باطناً باز مشغول کنجکاوی می‌شود و به‌هیچ قِسم از تفتیش کوتاهی نمی‌کند.

در همین ایام، یکی از کشیدگان تیغ بی‌رحمی و جفای آقابالاخان، پس از چندی ترک وطن، با دستورالعمل از طرف سیّد جمال افغان به تهران آمده، کاغذی هم از سیّد مزبور به صنیع‌الدوله داشته است.

صنیع‌الدوله از ترس این‌که مبادا کاغذی به او داده، کشف بشود، این مرد را به حضرت عبدالعظیم می‌فرستد که: «در آن‌جا باشید تا من به شما دستورالعمل بدهم.»

کاغذ سیّد را با این مرد به صدراعظم ارائه داده، او هم برای خیال ثانیهٔ خود، وسیله از این بهتر پیدا نمی‌کند و این مرد را اغوا می‌نماید که پدر مرا بکُشد.

اگرچه این مرد خود با زحمتی و به‌همین عزم به تهران آمده بود، لیکن نویدهای صدراعظم و حمایت‌های بی‌نهایتی که به او وعده می‌کنند، این‌کار را درست در مخیلهٔ او پرورش داده، مستعدش می‌نماید.

البته معلم من! شما می‌دانید که انسان به‌هر کاری که اقدام می‌کند، اگر دلگرم باشد، یقیناً از پیش می‌بَرَد. ممکن بود اگر وعده‌های این نوکر امین پدرم نمی‌بود، او به‌این عجله اقدام نمی‌کرد یا اگر می‌کرد، تیرش خطا می‌رفت.

حال لازم است شرحِ‌حال این مرد را برای شما بنویسم.

در وقتی که سیّدجمَال افغان در تهران بوده و در منزل امین‌الدوله توقیف، این مرد نوکر او می‌شود و کم‌کم تمام عقاید آسیدجمال را تصدیق می‌کند.

عقاید سیدجمال نه مذهبی بوده، نه مسلکی؛ عقیده‌اش بر ضد تمام مذاهب و مسالک. امروز، آزادتر و وسیع‌تر فکری از فکرِ سوسیالیسم نداریم. فکر او خیلی پُروسعت‌تر و آزادتر از فکر سوسیالیسم بود. بر ضد تمام اقتدارات عالم بود، حتی مهر مادر نسبت به اولادش. مردم را دعوت می‌کرد به آن اخلاقی که در بَدو آفرینش بوده است. نه طرفدار دولت بود، نه حامی ملّت. یک مسلَک مخصوص و عقیدهٔ

دیوانه‌ای داشت.

من از تاریخ این شخص خیلی کم می‌دانم و همین اندازه هم که می‌دانم، برای معرفی او کافی است. موقعی که از ایران نفی بلد می‌شود و پس از این که به تمام اروپا می‌رود، در کلیسای نُتردام، بر ضد جمهوری فرانسه نطق می‌کند. بعد از این که از فرانسه به‌افتضاح خارجش می‌کنند، به تمام ممالک می‌رود و در همه‌جا منفور واقع شده، مجنونش می‌گویند. به عثمانی آمده و در پیش سلطان عثمانی قدر و منزلتی رفیع حاصل می‌نماید و برای تقرّب به حضرت سلطان، از هیچ‌گونه تعدّی و ظلم و تحریکات وحشیانه نسبت به ملّت عثمانی کوتاهی نمی‌کند. پس از این که ملّت عثمانی را به‌دستیاری سلطان، دچار فشارهای غیرقابلِ تحمل می‌نماید، بالاخره به خود سلطان هم خیانت ورزیده، در خارج، برای عزل و نفی سلطان، مجالس ترتیب می‌دهد. صدراعظم عثمانی از این قضیه مسبوق می‌شود و به حضرت سلطان عرض می‌کند. لیکن، سلطان به‌واسطهٔ اعتمادی که به او داشته قبول نمی‌کند و صدراعظم را تهدید می‌نماید. لیکن صدراعظم عرض می‌کند: «موقعی که سیدجمال در حضور است، امر بفرمایند نوشتجات او را به‌حضور بیاورند؛ بعد خودتان ملتفت می‌شوید.»

سلطان قبول می‌کند. روزی که سیّد در حضور بوده، می‌روند و تمام نوشتجات او را می‌آورند. بعد از این که سلطان ملاحظه می‌نماید، می‌بیند حق به‌طرف صدراعظم بوده است. لیکن چون نمی‌توانسته فوری او را به‌قتل برساند، مسمومش می‌کند. لیکن سمّی بوده که فوری هلاک نمی‌کرده و به‌مُرور او را می‌کُشته است. در همان عمارت که منزل داشت، توقیف بوده است. تا این که پس از یک سال تمام، زبانش ریخته، گوش‌هایش از هم متلاشی می‌شود، می‌میرد.

در همان حالی که سیّدجمال در اسلامبول محبوس و مسموم بوده

است، این مرد که میرزارضا نام داشته می‌رود پیش او و شرح تعدّیات آقابالاخان را به او گفته، گریه و زاری می‌کند. او هم می‌گوید: «برو و ریشهٔ ظلم را بیرون بیاور؛ والا، تا ریشه در آب است، امید ثمری هست. هریک از شاخه‌های او را بزنی، دو جوانهٔ تازه می‌زند.»

این مرد هم مصمّم می‌آید به تهران و سفارش‌نامهٔ سیّدجمال را به صنیع‌الدوله می‌دهد. او را به حضرت عبدالعظیم جای داده، مصمم می‌کند که مرتکب قتل پدر بشود.

ظلم‌هایی که به این مرد از طرف آقابالاخان شده بود، حقیقتاً خارج از عالم انسانیّت بوده است. به اسم بابی او را گرفته، سال‌ها محبوس می‌کند. در حبس، دخترش را در حضورش بی‌عصمت می‌کند؛ پسرش را بی‌عصمت کرده، تازیانه‌ها می‌زنند؛ کارهای شنیع می‌کند. پس از این‌که از انبار دولتی بیرونش می‌کنند، زیر کالسکهٔ برادرم، شکم خودش را با چاقو پاره می‌کند. در عوض این‌که برادرم به عرضش برسد، دوباره او را حبس می‌کنند. پس از سال‌ها، دوباره او را از حبس خلاص می‌کنند که می‌رود پیش سیّدجمال. دوباره مراجعت می‌کند.

در همان روزی که پدرم مقتول شد، صبح که از حمام بیرون می‌آمد، انیس‌الدوله در سرِ حمام منتظر می‌شود تا لباس بپوشد. بعد اجازه می‌خواهد که در خَلوت عرض بکند.

به اتاق می‌روند. او خودش را روی پای پدرم افکنده، می‌گوید: «غیب‌گویی به من گفته است که تا سه روز شما خطر دارید. بیایید به‌خود و به این یک مُشت مردم رحم کرده، امروز را موقوف کنید و به حضرت عبدالعظیم نروید.»

پدرم متفکر شده، پس از ساعتی سر بلند کرده، می‌گوید: «اگر رعایای من به‌نظر دقت و انصاف نظر کنند، من بد سلطانی نبوده‌ام. در تمام مدت سلطنتم، یک نفر را به کشتن نداده، یک نزاع خیلی کوچکی با دولت‌های همجوار نداشته‌ام. همیشه رفاه و

آسودگی ملّت را بر رفاه و آسودگی خود ترجیح داده، پول ملت را به مصارفات بی‌فایده صرف نکرده‌ام. مال مردم را از دست‌شان نگرفته‌ام. امروز، در خزانه، میلیون‌ها، در صندوق‌خانه، صندوق‌ها جواهر موجود است. تمام سعی من در مدت سلطنتم، حفظ ثروت ایران بوده است. و حال هم با این نقشه که کشیده و این تهیه که برای رعایا نموده‌ام که پس از قرن، به آن‌ها حق بدهم، مالیات را موقوف کنم، مجلس شورا را برای ایشان افتتاح کنم، از ولایات، وکیل از طرف رعایا در آن مجلس بپذیرم، گمان نمی‌کنم صلاح رعیّت در قتل من باشد. فرضاً تمام خدمات من به ملّت ایران مجهول باشد و واقع، درصدد قتل من باشند. سه روز بیرون نروم، روز چهارم که رفتم، مرا خواهند کُشت. پس بگذار بکشند تا پس از مرگ من، زحمت‌ها دیده، رنج‌ها ببرند تا قدر مرا بدانند.»

وگفته بود به انیس‌الدوله: «ابداً خائف نیستم. ولی برای ملّت ایران متأسفم، زیرا پسر من قابل سلطنت نیست و آن‌چه را من در پنجاه سال سلطنت، به‌خون دل، برای روز بد ایران گردآوری کرده‌ام، او درعرض چند سال تلف خواهد کرد.»

اشک چشم‌های پدرم را گرفته، دستمال را به چشم می‌کشد.

انیس‌الدوله فریاد می‌زند: «آه! شما سلطان هستید، گریه می‌کنید؟ شما اقتدار دارید، عجز و لابه می‌کنید؟»

گفته: «نه، انیس‌الدوله! من برای خودم متأسف نیستم، من برای این آب و خاک متأسفم.»

انیس‌الدوله عرض می‌کند: «قربان! رعیّت را متهم نکنید. تمام رعایا شما را دوست می‌دارند. این کسی که به شما خیانت می‌کند، پروردهٔ احسان شماست. این کس، آن شخص بی‌قابلیتی است که خود اعلی‌حضرت او را به این درجه رسانده‌اید که امروز به‌روی خود شما ایستاده است. این شخص خائن را جُزو ملّت نجیب ایران نمی‌شود محسوب کرد. این یک نفر است. گناه یک نفر یک ملّتی

را لکه‌دار نمی‌کند.»

پدرم پس از فکر عمیقی، می‌گوید: «اگر مقصود صدراعظم است، به جزای اعمال خود می‌رسد. من تهیهٔ مجازات او را پس از قرن در نظر داشتم. حال که اصرار دارید، فردا او را دستگیر می‌کنم.»

هرچه زن‌پدرِ بیچاره‌ام اصرار می‌کند که: «امروز، سواری را موقوف کنید. این کار را انجام داده، هفتهٔ بعد زیارت بروید.»، قبول نمی‌کند. می‌رود و به‌دست آن مرد، مقتول می‌شود.

پدرم رفت. تمام خانم‌ها به منازل خود رفته، مشغول کارهای روزانهٔ خود می‌شوند.

چند روز قبل از این قضیه، صدراعظم و صنیع‌الدوله به حضرت عبدالعظیم رفته، سر قبر جیران، با همین میرزارضا گفت‌وگوی زیادی می‌کنند.

پس از مراجعت، صنیع‌الدوله طاقت این خیانت عظیم را نیاورده، سکته می‌کند، می‌میرد. لیکن صدراعظم باکمال قوّت قلب و وقار، منتظر نتیجه می‌شود.

چون صنیع‌الدوله اولاد نداشت، پول‌های نقد او را که در منزل داشت، پدرم ضبط کرد و فرمان داد به حرمخانه آوردند.

پدر من در حرمخانه، صندوق‌خانهٔ کوچکی داشت که تحویل کنیز کُرد فاطمه نامی بود. کتابچهٔ کوچکی داشت به‌خط خودش که تمام پول‌های سلطنتی و جواهرات و بعضی مطالب سِکرِت در او درج بود و کلید این کتابچه همیشه به گردن پدرم آویَخته بود.

پول‌های صنیع‌الدوله را چهار پنج روز، حمّال با جوال آورده، در اتاقی که پنجره‌های آهن داشت، روی زمین ریخته.

من نمی‌دانم این پول‌های طلا چه مقدار بود، اما آن‌قدر می‌دانم که یک زاویهٔ این اتاق، تَل شده بود از پول طلا.

و حالا می‌گفتند: «چند برابر این پول در بانک دارد.»

این پول‌های طلا تعارفی بوده که برای منصب و لقب و حکومت،

از مردم می‌گرفته است و برای تفریح، در منزل خود نگاه‌داشته بوده است. همین قِسم، کتابچهٔ خیلی عالی پُرقیمتی داشته که چندین برابر این پول‌ها ارزش داشته است.

بیچاره ملّت ایران!

ظهر آن روز، در حرمخانه، آشوب غریبی برپا شد. باوجود منع و تأکید صدراعظم که: «به حرمخانه عجالتاً خبر ندهید!»، باز خواجه طاقت نیاورده، گفته بود که: «برای شاه تیر انداخته‌اند، ولی نخورده است.»

تمام زن‌ها باحال موحش و پریشان، یک‌مرتبه از اتاق‌ها بیرون ریخته، در دیوانخانه دویدند و بنای فریاد و فغان را گذاشته که: «ما می‌خواهیم شاه را ببینیم.»

چون گفته بودند: «شاه زخمی شده و در تالار ابیض است.»، پس از این‌که فریاد و فغان این‌ها شدّت کرد، خواجه‌ها آمده، گفتند: «شاه خوب است و الان از دربِ بزرگ اندرون خواهد آمد.»

این بدبخت‌ها به یک سرعتی به‌طرف آن در دویده، فغان و فریادشان قدری تخفیف پیدا کرد. ساعتی منتظر شده، دیدند اثری ظاهر نشد. خواسته سرِ بی‌چادر و حجاب در کوچه بروند. خواجه‌ها هم به‌هیچ قِسم نمی‌توانستند در مقابل این طوفان درد، این صاعقهٔ اندوه، ممانعت کنند.

معلم من! قصهٔ مضحکی را برای شما بنویسم. مستدعیم قدری برای بدبختی من متأثر شوید.

در همین روز شوم که در مغاک بدبختی‌ها سرنگون شدم، بدبختی سریع‌الاثری دامنگیرم شد.

تازه در حرمخانه اختراع کرده بودند که با دوا، ابروی خود را سیاه می‌کردند. و این دوا ترکیب شده بود از نیتراتِ دارژان، و می‌دانید نور سیاهی او را مضاعف کرده، به‌هیچ قِسم پاک نمی‌شود و مجبوراً باید چند روزی بگذرد تا پاک شود.

صبح آن روز، بی‌خبر از پیشامد طبیعت، منِ بدبخت از این دوا مقدار زیادی به ابروی خود مالیده بودم. باوجودی که من هیچ‌وقت ابروی خود را دست نمی‌زدم و به‌قدر کفایت مودار و مِشکی بود، آن روز طفولیّت دامنگیر شد و ابروها را با این دوا مِشکی کردم.
پس از این‌که این هیاهو برخاسته شد، من هم دویده، داخل جمعیّت شده، این‌طرف و آن‌طرف سرگردان می‌دویدم. قوّه به این دوا خورده، فوق‌العاده او را سیاه کرده بود. با آن حال وحشت، با آن حال اضطراب که سرگردان و هراسان بودم و نمی‌دانستم پدرم مُرده یا زنده است، غفلتاً کشیده‌ای به صورتم خورد که از دو لولهٔ دماغم خون سرازیر شد. به عقب نگاه کردم که مرتکب این‌کار را بشناسم. کشیدهٔ دیگری خوردم. تعجب داشتم که چرا در این هیاهو مرا می‌زنند؟ و پیش خود تصور کردم شاید بچهٔ بی‌پدر را باید کتک زد و به‌این جهت مرا می‌زنند.
بالاخره صدای مادرم را شنیدم که با کلمات درشت و درهم می‌گوید: «امروز روزی بود که تو ابروی خودت را سیاه کنی؟ آن‌هم به این قِسم؟»
من دیوانه شده، فریاد زدم: «مگر من از پیش اطلاع داشتم؟ گذشته از این، خودت گفتی؛ تقصیر من چیست؟»
گفت: «برو فضولی مکن و زود پاک کن!»
من به منزل آمده، درین هرج و مرج و فغانِ ناله‌های عجیب، نشسته، گریه‌کنان با روغن‌سرکه شروع کردم به پاک کردن. بالاخره پاک نشد. من هم تمام ابروی خود را از تَه تراشیده، پاکِ پاک کردم و از شدّت دلتنگی، یک صورت عجیب مضحک برای خودم تشکیل دادم. و بعد دومرتبه دویده، خود را داخل جماعت کردم که بفهمم پدر عزیزم زنده است یا مُرده.
بالاخره طرف عصر کشف شد و عموماً فهمیدند که شوهر عزیزشان کُشته شده...

به‌هیچ دست و قلمی نمی‌توانم شرح آن پردهٔ خونالوده را برای شما بنویسم. اگر خوب فکر کنید محسوس می‌شود.

مگو جاهی از سلطنت بیش نیست
که بالاتر از جاهِ درویش نیست
سبکبار مردم، سبک‌تر رَوَند
حق این‌است، صاحبدلان بشنوند
تهی‌دست، غم بهرِ نانی خورَد
جهانبان به‌قدرِ جهانی خورَد
گدا را چو حاصل شود نانِ شام
چنان خوش بخُسبَد که سلطانِ شام
غم و شادمانی به‌سر می‌رود
به مرگ، این دو، از سر به‌در می‌رود
چه آن را که بر سر نهادند تاج
چه آن را که بر گردن آمد خراج،
اگر سرفرازی به کیوان بَرَست،
اگر نیک و پستی به زندان درست،
چو خیل اجل بر سر هر دو تاخت،
نمی‌شاید از یکدیگرشان شناخت.

تمام این شب، از هر گوشه و کناری، فغانی بلند بود و تا صبح، آرام و سکون در هیچ‌یک دیده نمی‌شد.
صبح، تمام در منزل انیس‌الدوله جمع شدند و فریاد و فغان شروع شد. در ضمن این‌که تمام مشغول سوگواری بودند، به ایشان گفته شد که: «قاتل میرزارضای کرمانی و شوهرخواهر میرزای معروف است.»
صدای فریادهای وحشت‌انگیز از هر گوشه‌کناری بلند شد.

چند نفری گفتند که: «نصرت و فاطمه از اقوام میرزارضا هستند.» به‌محض گفته شدن این کلمات، تمام خانم‌های کوچک به‌طرف حیاط دویده، این دو دختر را پیدا کردند.
یکی ازین دخترها در حمّام بود؛ مثل این که قبلاً منتظر چنین قصه‌ای بوده است و حمّام را مأمن و سنگر برای خود درست نموده بود. دیگری هم در حیاط‌های عقب مخفی شده بود. آن دختری که از حمام بیرون کشیدند، تقریباً عریان بود. از سنگ و چوب و چاقو، به‌دست هرکس می‌آمد، به سر و صورت و تن این دخترها زده، خونالود و مجروح، با حال وحشیانهٔ غضبناکی، آن‌ها را به منزل انیس‌الدوله آوردند.
انیس‌الدوله مردم را ساکت کرده، خواهش کرد که عجالتاً آن‌ها را نکشند و پاره‌پاره نکنند. بگذارید سؤالات از آن‌ها بشود. بعد اگر تقصیری داشتند، کُشتن آن‌ها سهل است.
این دو دختر را از روبروی آن‌ها بُردند و در اتاقی تقریباً محبوس نمودند.
طرف عصر، میرزا علی‌اصغرخان صدراعظم، خواجه‌ای پیش انیس‌الدوله فرستاد که: «شنیده‌ام این دخترها مقصرند. چون کار رسمی دولتی است، خوب است دخترها را بفرستید بیرون، ما استنطاق کنیم.»
انیس‌الدوله هم قبول کرد. دخترها را بُردند بیرون.
تا سه روز، گریه و زاری رسمی بود. صبح‌ها، منزل انیس‌الدوله اجتماعی بود تا غروب. و شب‌ها، همه به منازل خود می‌رفتند. لیکن، پس از سه روز، هرکس در منزل خودش، مشغول گریه و ناله بود.
فرمانفرمای مطلق و سلطان مقتدر، صدراعظم بود. و همه منتظر ورود ولیعهد بودند که این سلطان جدید چه قِسمی با مردم سلوک کرده، به‌چه نحو مملکت را اداره خواهد نمود؟
روزها و شب‌ها به‌سرعت می‌گذشت. این سرای باعظمت و باشکوه

که در تمام ساعات شبانه‌روز غرق در مسرت و شادمانی بود، در سکوت وحشتناک دردانگیزی محصور شده، جز صدای گریه و ناله، صدای دیگری مسموع نبود. تمام این صورت‌های خوشگل، آن چهره‌های مطبوع پژمرده، رنگ‌ها تیره، چشم‌ها بی‌فروغ، در این لباس‌های سیاه، مجسمه‌هایی را به ناظرین ارائه می‌دادند. تمام این عظمت و سلطنت، به‌یک‌دقیقه، چنان معدوم شد که تو گویی که خوابی و خیالی بود.

قرن‌ها گر رفت، گو رو، باک نیست
تو بمان، ای آن‌که چون تو پاک نیست.

پس از چند روز دیگر، امین‌الملک، برادر صدراعظم، که در آن‌وقت خزانه‌دار بود، با صدراعظم به اندرون آمده، به خزانه رفتند. مقدار گزافی، بلکه هرچه پول در خزانه بود، تمام را به‌بهانهٔ این‌که مظفرالدین شاه مقروض است و باید به تبریز پول بفرستیم، خارج کردند.

هجده روز تمام، روزی سی چهل نفر سرایدار، از صبح تا شام، کیسه‌های پول را بُرده، تحویل خزانهٔ بیرون می‌دادند. و از خزانهٔ بیرون هم تمام، نقل و تحویل به خانهٔ امین‌الملک شده، مقداری در همان‌جا مانده، باقی به اندرون صدراعظم تحویل می‌شد.

پس از بردن پول‌ها، دیگر کاری به اندرون نداشتند. مانده بود جواهرات و پول‌هایی که تحویل فاطمه بود.

قبل ازین که صندوق‌خانه را از فاطمه تحویل بگیرند، شب‌ها که شام فاطمه را می‌آوردند و ظرف‌های شام خالی می‌شد، در ظرف‌های خالی، پول طلا ریخته، سرِ مجموعه را مُهر کرده، می‌بردند. دَمِ در، برادر فاطمه ایستاده، مجموعه را گرفته، می‌بُرد.

تا وقتی که صدراعظم از پول‌های خزانه فراغت پیدا کرد، فاطمه هم

به‌قدر کفایت از پول‌های طلا برده بود. لیکن چون کتابچهٔ این پول و جواهرات پیش خود فاطمه بود، هرچه خواسته بود از ورق‌ها را کنده بود. در موقعی هم که تحویل داد، هرچه به‌درد صدراعظم می‌خورد، برداشت و کتابچه را کلیتاً معدوم نمود. چون این کتابچه و هرچه پیش فاطمه بود از اثاثیهٔ دولتی مجزا بود و مخصوص بود، به‌اصطلاح «ثَروت شخصی» محسوب می‌شد.

در این مواقعی که هرکس به فکر مخصوص خود مشغول دست و پا بود، من به‌کلّی مبهوت مانده، تمام این قضایا مثل خواب و خیال به‌نظرم می‌آمد. یک هرج و مرج محض غریبی در تمام این زن‌ها تولید شده، پول‌ها، جواهرات، اشیاءِ قیمتی، هرچه داشتند، به‌هر وسیله بود از اندرون خارج کرده، به جاهای امن می‌فرستادند؛ جز مادر من که به‌قدری غرق در اندوه و گرفتاری بود که فکر ثروت و پول و جواهر نمی‌کرد. دیگر این‌که ما از جواهرات خزانه و دولتی نداشتیم؛ هرچه داشتیم، خریداری و شخصی بود.

معلم من! در این ساعتی که به آن زمان فکر می‌کنم، سراپا می‌لرزم و از بی‌وفایی دنیا متحیرم و به‌کلّی تمام اختیارات، اقتدارات، بزرگی‌ها، ثروت‌ها و خوشی‌ها در نظرم قابلِ‌نفرت می‌آید. هیچ اقتداری، هیچ اختیاری، هیچ بزرگی و بزرگواری به‌آن عظمت و شکوه و جلال نبوده و نیست. آیا چه شد؟ کجا رفت؟ پدر من از تمام آن‌هایی که داشت چه بُرد؟ هیچ! حق است که می‌گویند:

نام نیکو گر بماند ز آدمی
بِه کزو مانَد سرای زرنگار.

پس از چندی، خبر ورود سلطان جدید را دادند. لیکن این خبر مانند صاعقه اثر نمود و زحمت و ناله‌شان فوق‌العاده شدّت کرد؛ تا روزی که شاه وارد شد و در دیوانخانه منزل نمود.

این را هم بنویسم و شما مسبوق باشید که احدی با میرزارضای قاتل محاکمه و گفت‌وگو نکرد. و این شخص سپرده شده بود به حاجی حسین‌علی‌خان، دایی صدراعظم. در کمال قشنگی و خوبی از او پذیرایی می‌شد. و آن دو دختر را هم بردند بیرون و از طرف صدراعظم انعام و خلعت گرفته، شهریه هم برای ایشان قرار دادند. و ما ازین‌جا می‌توانیم درجهٔ طرفداری و حمایت این صدراعظم را نسبت به آن‌ها بفهمیم.

سلطان جدید وارد شد و روز بعد از ورود، به اندرون آمده، تمام خانم‌ها را تسلیت و تعزیت گفته، فوق‌العاده مهربانی کرد.

معلم من! باوجودی که شما خوب این سلطان جدید ما را می‌شناسید، لیکن لازم است من شرحی دربارهٔ او بنویسم.

این برادر عزیز من خیلی ساده و پاکدل، خیلی مهربان و رئوف بود. خانواده‌اش منحصر به هفت نفر زن بود و چند اولاد: ولیعهد، شعاع‌السلطنه، سالارالدوله، نصرت‌السلطنه، ناصرالدین‌میرزا. و دخترانش: عزّت‌الدوله، فخرالسلطنه، فخرالدوله، شکوه‌الدوله، نورالسلطنه، اقدس‌الدوله و انورالدوله. تمام خانواده‌اش تُرک و به‌کلّی از آداب و رسوم، دور. این برادر بیچارهٔ من خلق شده بود برای این‌که پدر خوبی باشد، رئیس فامیل محجوبی باشد. اما ابداً نمی‌شد فکر کرد که این سلطان باشد. به‌قدری باحیا، خجالت‌کش و به‌قدری مظلوم بود که سخت‌ترین دل‌ها برای او کباب می‌شد. خیلی مُتلوّن، زود هر حرفی را قبول‌کن، از خود بی‌اراده، و با ارادهٔ سایرین کارکن، علیل و خیلی عوام، فوق‌العاده چاپلوس‌پَرَست و تملق‌پذیر.

اهل دربار این برادر من تمام مردمان پَستِ بی‌پدر مادر، هرزه، رذل، جوانان سادهٔ اوباش، خیلی جبون و بی‌عزم، فوق‌العاده زودباور. اشخاص هنرمند کارکنِ عالِم را در بدو ورود، خارج و تمام نوکرهای پدرش را اخراج، و نوکرهای کسان خودش را مصدر

کار نمود.

ما در این‌جا می‌توانیم این سلطان حقوق‌پرست را فوق‌العاده تمجید کنیم که فراموش نکرد خدمات مستخدمین خود را، لیکن می‌توانیم ایراد کنیم که بهتر این بود که این نوکرهای امین صدیق محترم را وظیفه داده، با مرهم پول، زخم‌های درون‌شان را معالجه می‌کردند، نه این‌که کار مملکتی را به‌دست یک مشت مردم گرسنهٔ بی‌سر و پا داده، مملکت را ویران، ملّت را گدا کند.

از تمام نوکرهای صدیق امین پدرش، کسی را که برای نگاهداری انتخاب کرد، فقط صدراعظم بود که به‌شارلاتانی خود را امین و صدیق جلوه داد و به برادرم این قِسم فهماند که: «اگر من نبودم، سلطنت به شما نمی‌رسید و شما را نمی‌گذاشتند به مقصود برسید.» و به‌هزار ذلیل و برهان، خدمات خود را ثابت کرد. نه این‌که خیانت‌های او به‌قدری پوشیده و پنهان بود که برادرم ملتفت نبود، لیکن از این خیانت ضرری نبرده، بلکه به سلطنت رسیده بود. دیگر این‌که با عدم علم و اطلاع، البته این شخص را که سال‌ها مصدر کار بزرگ صدارت بود، عجالتاً لازم داشت.

بالاخره پس از یک هفته، از طرف سلطان اعلان شد که تمام خانم‌ها هرچه دارند مال خودشان و از اندرون خارج بشوند، جز خانم‌هایی که اولاد دارند؛ و آن‌ها را بفرستند به حیاط سَروستان که منزل منیرالسلطنه مادر نایب‌السلطنه بود.

منیرالسلطنه منزل را تخلیه کرده، به منزل برادرم نایب‌السلطنه رفته بود.

این زن‌های بدبخت بی‌شوهر، با هزاران داد و اندوه، از محل عزّت و استراحت خود کناره کرده، تمام خارج شدند.

خانم‌های دارای اولاد، چند نفر بیش‌تر نبودند. مادر من بود، مادر یمین‌الدوله، مادر عزّت‌السلطنه، مادر قدرت‌السلطنه و مادر شرف‌السلطنه. من و فرح‌السلطنه، عزیزالسلطنه، شرف‌السلطنه و

قدرت کوچک بودیم. بزرگ‌ترین ما سیزده سال نداشت و دو برادر کوچک هم داشتیم. حیاط سروستان را تقسیم کردند و ما را مانند اسیر و محبوس، در آن حیاط‌ها منزل دادند. ما خواهرها هرروز، دورِ هم جمع شده و تمام مدت مشغول گریه و دلتنگی بودیم. اغلب از مادرهامان، پدرمان را می‌خواستیم.

چند روزی گذشت و جشن تاجگذاری شروع شد. خانوادهٔ سلطنتی جدید هم تماماً از تبریز وارد شدند.

در این تغییر و تبدیلات، من خیلی رنج برده، زحمت می‌کشیدم. خوب می‌فهمیدم پدرم مرده. هر شب گریهٔ زیادی کرده، می‌خوابیدم و بالاستمرار پدرم را خواب می‌دیدم. اغلب شب‌ها را تا صبح، اقلاً ده مرتبه از خواب برمی‌خاستم و به‌صدای بلند گریه می‌کردم. به‌قدری محزون و دل‌شکسته بودم که به هیچ‌چیز تسلّی پیدا نمی‌کردم. مخصوصاً مادر من یک حیاط خارجی گرفته بود که از حیاط خواهرهای من مجزا بود، برای این‌که پدر و برادرهایش را بتواند ببیند. باوجود این‌که اغلب پدربزرگ من و برادرهای مادرِ من منزل ما بودند و با هزار گونه اسباب اشتغال‌های بچّگانه مرا فریب می‌دادند، باوجود این، من همیشه محزون و مُشرف به مرگ بودم.

در این اوقات، پدرشوهر من وزیر جنگ و رئیس کل قشون شده بود و تمام شب‌ها را در اتاق نظام منزل داشت و تمام روز را شوهر من به من کاغذ نوشته، اغلب به ملاقات من می‌آمد. لیکن من به‌قدری دلتنگ و پریشان بودم و به‌قدری برای پدرم متأسف و به‌قدری برای زن‌پدرهایم محزون، که ابداً جوابی به کاغذهای او نداده و از ملاقات او به‌هیچ قِسمی محظوظ نبودم. فقط به کسی که یک اندازه مأنوس بودم، پدربزرگم بود. این پیرمرد محترم به‌قدری مرا دوست می‌داشت و به‌قدری به من احترام می‌نمود که حد و حساب نداشت. من همیشه از ملاقات او فوق‌العاده خوشحال بودم و اغلب را در بغلش نشسته، دست‌ها را به گردنش حمایل نموده و ریش سفید

او را می‌بوسیدم. چشم‌ها را پر از اشک کرده، می‌پرسیدم: «آیا من دیگر پدرم را نخواهم دید؟ آیا من همیشه در این حیاط کوچک محبوس خواهم بود؟»
این بیچاره پیرمرد مرا به سینه گرفته، پیشانی‌ام را می‌بوسید و قطرات اشک از چشمش سرازیر شده، می‌گفت: «پدرا! خدا بزرگ است. تو محترمی. اول زندگی توست. نه. تو در این‌جا همیشه محبوس نخواهی ماند.»
در همین اوقات، از طرف برادرم، خواجه‌ای آمد و دستخط مواجب و مستمری، به‌اضافهٔ سه پارچه جواهر آورد. برای من و برادر و مادرم، سالی هشت هزار تومان حقوق معیّن کرده بودند که ماه به ماه بدهند. و یک نیم‌تاج برای من، با یک جواهر برای مادرم و یک جفت شَمسه برای برادرم، که چون موقع تاجگذاری است، لباس سیاه را بردارند.
فردای آن روز، لباس بنفش‌رنگی برای من آوردند که بپوشم.
پرسیدم: «برای چه لباس مرا تغییر می‌دهید؟ مگر پس از پدرم، من نباید همیشه مانند اطفال یتیم، سیاه بپوشم؟»
مادرم مرا بوسید و گفت: «عزیزم! برادرت سلطان است، تاجگذاری است، باید به حضور بروید. ناچار از تغییر لباس هستی.»
گفتم: «بسیار خوب! لباس من چه مناسبتی به تاجگذاری برادرم دارد؟ پدر من هنوز دو ماه نیست مُرده، چرا لباسم را عوض کنم؟»
هرچه اصرار کردند، قبول نکردم. بالاخره شروع به گریه کردم. دوان‌دوان خود را به آغوش پدربزرگم انداخته، گفتم: «باباجان! بگو لباس مرا تغییر ندهند. پدر من تازه مُرده، من هنوز پدرم را می‌بینم، هنوز او با من حرف می‌زند.»
این پیرمرد بیچاره رنگش تیره شد و گفت: «دختر عزیزم! هرچه میل داری بکن. حق با توست.» و نگذاشت لباس مرا تغییر بدهند. خیلی سعی داشت مرا آرام کند، لیکن من به‌هیچ علاجی آرام نبودم.

اغلب به اتاق مادرم رفته، عکس پدرم را برداشته، به منزل خود می‌بردم و در گوشه و کنار مخفی کرده، هر وقت تنها می‌ماندم، بغل گرفته، می‌بوسیدم و آن‌قدر گریه می‌کردم که به‌همان حال خوابم می‌بُرد.

بالاخره این صدمات مرا از پای درآورده، خیلی ضعیف و لاغر کرده بود.

پس از چند روزی، خواجه‌ای از طرف برادرم آمد و ما را احضار کرد که: «امشب، باید به حضور بیایید.»

من خیلی امتناع کردم از رفتن، و التماس‌ها کردم که: «طاقت ندارم عمارت پدرم را ببینم.»

مادرم به‌هزار زحمت، مرا راضی کرد بروم.

یک ساعت از شب گذشته، خواجه‌ها آمدند و درِ حیاط را باز کرده، ما را به حضور بردند.

این حیاط‌ها تمام به یکدیگر اتصال داشت. لیکن معاینهٔ محبس، تمام درها قفل و کلید در جیب خواجه. در موقع احضار، در را باز کرده، ما را به حضور می‌بردند.

امشب اول‌شبی است که پس از مرگ پدر، دوباره آن خانهٔ مسکونی زمان پدر را می‌بینم.

خواهر بیچارهٔ من، فرح‌السلطنه که یک سال از من بزرگ‌تر و دختر عاقل تربیت‌شدهٔ تحصیل‌کرده‌ای بود، با من خیلی مأنوس و مهربان، دست به دست هم داده و این خواهرهای کوچک، برادرهای کوچکِ بی‌پدر خود را جلو انداخته، در عقب خواجه شروع به رفتن کردیم. در هر دقیقه، من و این خواهر بزرگ زانو زده، دست به گردن یکدیگر انداخته، گریه می‌کردیم. این اطفال کوچک بیچاره دورِ ما جمع شده، با دست‌های کوچک خود، باکمال جدیت می‌خواستند ما را از هم جدا کرده، بلند کنند. آن‌ها را بغل کرده، نوازش کرده، می‌بوسیدیم. و دومرتبه به‌راه افتاده، چند قدمی که می‌رفتیم، باز

دست در آغوش کرده، گریه را شروع می‌کردیم. تا آن‌که به حیاط بزرگ رسیدیم و از دور، صدای ساز و آواز شنیدیم.
یک‌مرتبه من پا به فرار نهاده، شروع به دویدن کردم. خواهر بزرگم هم با من دویده، برگشتیم.
هرچه خواجه‌ها و پرستارها دویده، التماس می‌کنند: «بروید.»، قبول نکرده، می‌گوییم: «درحالی‌که ساز است، ما نمی‌آییم.»
بالاخره، به‌هزار زحمت ما را کشان‌کشان بردند.
ای آه! چرا آن آخرین مرحلهٔ زندگانی من در آن دقیقه طی نشد؟ چرا نمُردم؟ چرا باز زنده ماندم؟ عجبا!
معلم من! انسان با تمام ظرافت طبع و شرافت، از سنگ سخت‌تر است و در مقابل شدائد، از چُدن محکم‌تر است. به‌هیچ دست و قلمی نمی‌توانم شرح زحمت و بیچارگی و درماندگی خود را برای شما بنویسم، زیرا این‌ها چیزهایی است که از بیان خارج است و باید دید تا فهمید. این اندازه تغییر و تبدیل فکر و عقیده، این‌قدر تفاوت اخلاق و سلیقه، هیهات! پدرِ به آن معظمی از میان رفت و آن سلطنت به آن عظمت معدوم شد. حال، این کیست؟ چیست؟ کجاست؟ خواب است؟ بیداری است؟ نمی‌فهمم.
در یک خیابان خیلی بلند عریض، یک تخته قالی بزرگ پهن کرده، یک صندلی در اول قالی گذاشته، سلطان بر آن، با کت و شلوار، سربرهنه، بدون تاج و دیهیم سلطنتی، جلوس نموده. خانواده‌اش، از زن و بچّگانه، فامیل‌های متوسط، دورِ هم نشسته. کلفت، خانه‌شاگرد و خواجه، بدون ترتیب رسوم و آداب سلطنتی، درهم و برهم و شلوغ.
در اطراف این سلطان، پراکنده دو سه دسته از مطرب‌های زنانه و فواحش در انتهای قالی نشسته. زن‌های خیلی بدهیکل قطور در وسط، مشغول رقصیدن و گفتن کلمات شنیع و حرکات قبیح. خنده‌های وحشیانه و فریادهای مضحک دیوانه‌وار از هرطرف برپا.

از دیدن این مجلس، چنان منقلب و پریشان شدیم که هیچ کدام قوهٔ نُطق نداشته، مبهوت نگاه می کردیم.

به‌محض ورود ما، سلطان و برادر عزیز برخاسته، یکان‌یکان ما را در آغوش گرفته، بوسید. بعد اجازه داد ما را هم جزو این حشرات‌الارض نشانده، مشغول تفریح خود شد.

شاهزاده جهانسوزمیرزا، پسر مرحوم فتحعلی‌شاه هم جزو مدعوین نشسته بود. در حقیقت، مجلس سلطنتی نبود، مجلس فامیل‌ها بود؛ آن‌هم فامیل‌های خیلی پست و از طبقهٔ خیلی وسط.

من به‌طور دِفیله، تمام وضع سرای پدرم را از دَم نظر گذرانده و فرق بین پدر و برادر را خوب می‌دیدم. در تمامَ مدتی که عقلم می‌رسید و می‌فهمیدم، مطرب زنانه در اندرون پدر من نمی‌آمد، مگر در عروسی‌ها؛ آن‌هم فقط مطرب. امکان نداشت یک نفر فاحشه داخل آن‌ها باشد. و دیگر این که، پدر من به‌قدری مهیب و باعظمت بود که احدی را قدرت کلمه‌ای بلند گفتن در حضورش نبود و هیچ‌وقت کنیز و خواجه و اشخاص غیر را قدرت نزدیک شدن نبود. و همیشه، من پدرم را با لباس‌های جواهر و تاج سلطنتی دیده بودم. امکان نداشت هیچ‌وقت عریان با کت و شلوار دیده شود. من در بَدوِ ورود، شاه را گم کرده بودم؛ نمی‌فهمیدم این شاه است. زیرا از علائم سلطنتی، هیچ در چهره و لباس او مشهود نبود.

باری، نشسته بودم و به این وضع ناهنجار، با یک نظر نفرت و حسرت تماشا می کردم.

در این بین، ملتفت شدم که یک مایع گرمی روی دست من ریخت. سر را بلند کردم، دیدم یک نفر کنیز بی‌سر و پا یک شمع روشن کرده، در دست گرفته و از بالای سرِ شاه سرازیر شده و رقاص‌ها را تماشا می کند؛ و از این شمع، قطراتِ درشت روی شانهٔ شاه ریخته، ترشح کرده، به دست و سر و صورت من می‌ریزد.

این مجلس عجیب، این بزم غریب، پس از ساعت‌ها به اختتام رسید.

و من مخصوصا یک کلمه از کلمات شاهانه را به‌خاطر دارم؛ مثل این است که الآن می‌شنوم، زیرا به‌قدری این کلمه مغایر همه‌چیز بود، که از حیرت هنوز فراموشم نشده. و آن این که: «شاهزاده جهانسوز میرزا! پدر من سلطان مقتدری بود، لیکن اموراتش ترتیب نداشت.»

شام شاه را آوردند و در عمارت حاضر کردند.

کنیز سیاهی که خازن‌اقدس لقب گرفته بود و حوری و عزیز کرده و طرف مهر برادرم بود آمد، به شاه خطاب کرد: «قربان! شوم حاضره. ماشاءالله! خدا عمرت بده! خسته نشدی؟ پاشو، شوم یخ می‌کنه. خواهرات را ببر با خودت شوم بخورند، ما می‌ریم اون اتاق شوم می‌خوریم.»

با یک نگاه‌های خیرهٔ تعجب‌آمیزی، به تمام این تئاتری که پرده به پرده برای این ملّت بیچاره بالا می‌رفت، نگاه کرده، سر خود را حرکت عجیب می‌دادم و از شدّت حیرت، نمی‌شنیدم صدای برادر را که می‌گفت: «بیایید با من شام بخورید!»

با یک حالت بهت و اضطرابی، مثل اشخاص مست به‌راه افتاده، از پله‌های عمارت بالا رفته، وارد راهروِ سرسرا شدیم.

یک خوانچهٔ بزرگ گذاشته، شام شاه را حاضر کرده بودند. شاه و ماها سر خوانچه نشسته، مشغول خوردن شام شدیم.

چیزی که از تعزیه کم داشت، موزیک.

شام صرف‌شد و ما برخاسته، اجازه گرفته، مرخص شدیم.

این زحمت اخیر، دیگر تاب و توان را از من سلب کرد و به‌کلّی بستری و بیچاره‌ام ساخت. سُرخک درآورده، سخت ناخوش شده، مُشرف به مرگ شدم. و تقریباً یک ماه در زحمات بدبختی، دچار درد و زحمت بودم.

پس از تخفیف مرض، از طرف شاه، حُکم به تهیهٔ عروسی من شد. و من باز در وادی حیرت و سرگردانی گم و گیج شده، به‌هیچ قِسمی راه علاج نمی‌دیدم.

اغلب اوقات ما را به حضور شاه می‌بردند. و کم کم، آن عالم بربریّت و وحشیگری رو به تمامی، و تمدن شروع شده بود. معهذا، هیچ قِسم از عهدهٔ پذیرایی مدعوین نمی‌توانسته بیرون آمده، مردم را از سرای، راضی خارج کنند.

مهماندار بزرگ برای عموم، حضرتِ‌عُلیا بود. این خانم خیلی متشخصه، نجیب و از خانواده‌های بسیار قدیم ایران و شاهزاده بود. لیکن مرض او را به‌کلّی از اجتماع و معاشرت دور و بَری کرده بود. این خانم محترم به‌قدری از این پذیرائی‌ها و مهمانی‌ها خسته و دلتنگ بود که بالاخره این خدمت را به سایرین واگذار کرد. در مواقعی که این خانم پذیرایی می‌کرد، اغلبِ مهمان‌ها از صبح تا شام، سرگردان و بلاتکلیف بودند و در موقعِ مراجعت، چادرهای خود را در مجموعهٔ چرب ناهار می‌دیدند و با دنیا دنیا پشیمانی ازین تشرف، به خانهٔ خود مراجعت می‌کردند.

این سرای با سرای پدر من از زمین تا آسمان تفاوت کرده بود و به‌کلّی ترتیب سلطنتی در میان نبود. نسبت به آن عظمت گذشته، این خانه و فامیل بسیار ساده بودند. حال، کاریِ نداریم به این‌که تمام جواهرات سلطنتی در سر و دست اَعلا و اَدنا، خانم و کنیز، برق‌می‌زد.

انسان کامل طرف مقابل را به آرایش ظاهر نمی‌شناسد، بلکه به آرایش باطن باید بشناسد. با تمام این تزئینات و ترتیبات، ابداً قابلِ‌توجه نبودند و به‌کلّی غیرقابل معاشرت، بلکه قابلِ دوری و تنفر بودند. اگر یک شخص عاقل‌اندیشی به این اساس سلطنتی، با یک نظر فکر و فلسفه نگاه می‌کرد، خوب می‌فهمید نتیجهٔ این‌نوع سلوک و این قِسم زندگانی چیست و این کار بالاخره به کجا منتهی می‌شود.

پس از حضرتِ‌عُلیا، پذیرایی تقسم شد بین نُزهت‌السلطنه و نورالدوله و خازن‌اقدس.

نزهت‌السلطنه مادر شعاع‌السلطنه و نسبت به سایر خانم‌ها، متمدن‌تر و خوش‌صورت‌تر بود. لیکن نورالدوله، مادر سالارالدوله، از ایلات آذربایجان و خیلی عوام بود و صورت مطبوعی هم نداشت. خازن‌اقدس هم سیاه و از خدمهٔ مادر مرحوم شاه بود و در سابق اسمش اُلفت بوده است. در یکی از مسافرت‌هایی که ولیعهد به تهران می‌کند، این اُلفت را با مادرش، دلپسند، به او هدیه می‌کنند. دلپسند را صیغه می‌کند، چون سفید بوده است و الفت را به‌واسطهٔ لیاقتش، رئیس قهوه‌خانه. پس از متارکه با اُم‌الخاقان، مادر محمدعلی‌شاه، دلپسند مُعززالسلطنه می‌شود و اعتضادالسلطنه که همین محمدعلی‌شاه باشد، به او سپرده می‌شود. موقعی که تلگراف قتل پدرم به شاه می‌رسد و او برای سلطنت حرکت می‌کند و عازم تهران می‌شود، فوراً تمام خانوادهٔ خود را از کوچک و بزرگ لقب می‌دهد. درضمنِ القاب، اُلفت خازن‌اقدس می‌شود و این خانم خیلی طرفِ‌توجه و بانفوذ و مسموع‌الکلمه واقع می‌شود.

خیلی خوشحال می‌شدم، هر وقتی که می‌دیدم دخترعموی دده‌جانم غرق در برلیانات و جواهرات خزانهٔ سلطنتی است. زیرا معلم من! شما چون نقاش هستید، خوب می‌دانید که چهرهٔ سیاه با سفید چقدر مطبوع و خوشگل می‌شود؛ خاصه آن لون سفید و براق هم باشد. ولی معلم من! بیش‌تر از همه، اسباب مسرت و خوشحالی باطنی من این نکته بود که این خانم لهجهٔ اصل خود را دارا بود و اغلب کلماتش به‌عینه دده‌جانم، و خیلی بامزه و شیرین.

این خانم‌ها، به‌میل و سلیقهٔ شخصی، خانم‌های بزرگ و دخترهای شاه را برای پذیرایی انتخاب کرده بودند. جمیع مردمی که باید به این سرای آمد و رفت بکنند، سه قسمت شده، یک قسمتی میزبان خود را می‌شناختند، ولی چیزی که بود، آن آزادی معاشرتی که در سرای پدرم بود، در این سرای نبود. چون آن‌ها تمام صبح تا شام از مردم پذیرایی کرده، خودشان به خانم‌های محترم و اعیان‌زاده‌ها

می گرویدند. برعکس، این‌ها فراری و متواری بودند و تمام معاشرت این‌ها با خانواده‌ها در اعیاد و مواقع رسمی بود. مطالبِ سِکرِتِ بی‌ربط هم زیاد داشته که اطلاع اشخاص خارجی را زائد می‌دانستند.

از جمله کارهای بی‌قاعده که همیشه اسباب گفت‌وگو و تحیّر بود، مطرب‌های زنانه و زن‌های فاحشه بودند که به‌اسم مطربی، همیشه به سرای آمد و رفت داشتند. مدتی دختر ناقابل بدترکیبی از دستهٔ حاج قدم‌شاد مطمح نظر و طرف مهر برادرم بود. و این دختر ملقب شده بود به کشورشاهی و تقریباً هزار تومان پول دولت و ملّت صرف این دختر ناقابل شد.

معلم من! یقیناً شما الساعه که این نکته را ملاحظه می‌کنید، خیلی متعجب می‌شوید که چطور امکان دارد یک سلطانی که همه‌چیز برایش امکان‌پذیر است، به این شناعت تن‌داده، مِترسِ منتخبش از دستهٔ حاجی قدم‌شاد باشد؛ در حالتی که یک دستمالَ یَا یک نگاه از سلطان، برای مقهور کردن متکبّرترین زن‌ها کفایت است. اما تعجب نکنید! سلطنت، دلیل خوش‌اخلاقی و پدر مادر، دلیل نجابت انسان نمی‌شود. این‌ها چیزهایی است که از تربیت و معلم و از علم تولید می‌شود و بدبختانه سلاطین ایران از این بابت‌ها محروم، بلکه بدبخت بودند. از ساعت تولد، جز دروغ نشنیدند و جز چاپلوسی ندیدند.

من بچه بودم؛ می‌شنیدم که مادرم قصه می‌کرد از قول یکی از خانم‌های دیگر، برای یک نفر مهمانی که خیلی محترم بود، از عکسی که امیرنظام بزرگ در تبریز از همین شاه انداخته و برای پدرم فرستاده بود. من هنوز این مسأله را اغراق و غرض می‌دانم، لیکن جمعی بر این دعوی، قَسَم‌ها خوردند. و آن عکسی بوده است که در موقع مجامعت برادرم با مادیان، به‌هزار زحمت برداشته بودند.

پس، ما اگر این مسأله را قبول کنیم، در کشور ایرادی نداریم.

این که وضع سرای بود، حال یک قدری از خلوت و دربار این شاه

برای شما بنویسم.
اتابک صدراعظم شده بود. امیر بهادر رئیس کشیک‌خانه شده بود و حکیم‌الممالک وزیر دربار شده بود. آقاوجیه سپهسالار شده بود. عملهٔ خلوت هم: اعتصام‌الملک، معتمدخاقان، امین‌الملک، لقمان‌الدوله، نظام‌السلطان، حسام‌السلطنه؛ و بعدها به آن‌ها افزوده شده بود: مختارالسلطنه، دو نفر رقاص یهودی: عزیز و حبیب، و از همین قبیل اشخاص.
تمام این عملهٔ خلوت از صبح تا شام، مشغول نواگری و مهمل‌بافی و لغوگویی بودند. و اغلب در خلوت، کارهای شنیع می‌شد. از جمله هرکدام دارای صورت خوبی بودند، ناچار باید اسباب دلخوشی و اشتغال سایرین بشود.
از بَدوِ سلطنت سلسلهٔ قاجاریه تا آن زمان، درباری به‌این افتضاحی دیده نشده بود.
طولی نکشید که تمام خالصجات به‌همین اشخاص بخشیده شد و هرچه مالیات وصول می‌شد، به این اراذل و اوباش حقوق داده می‌شد.
یکی از اشخاص عمده را فراموش کردم بنویسم و آن سید بحرینی و پسرهایش بودند.
این برادر عزیز من از رعد و برق خیلی ترسناک و معتقد به جن و پری و موهومات بوده است. و این سید در زمان انقلاب هوا و تیرگی و رعد و برق، البته باید در حضور باشد و شروع به خواندن اسم اعظم و آیات نماید و به‌اصطلاح در مقابل طبیعت، واقع باشد؛ مبادا خدای نخواسته به وجود مبارک اعلی‌حضرت همایونی صدمه وارد شود! و به‌مناسبت همین خدمت بزرگی که نسبت به اعلی‌حضرت می‌نمود، فوق‌العاده مورد مرحمت و دارای حقوق گزافی بود.
باوجود این دربار و این وضع رفتار، باز می‌توانم بگویم این برادر من در زیر این پرده‌های مُستحرق زندگانی، دلی رحیم و نفسی سلیم

داشت. به ادبیات زیاد مایل بود. علم و معارف را بزرگ می‌شمرد. اولین کاری که کرد، فرستادن برادرهایش و پسرش و نواده‌هایش برای تحصیل به اروپا بود. و از این‌رو، تشویق نمود تمام اعیان اولادهای خود را به اروپا بفرستند.
درواقع، ما می‌توانیم بگوییم که به معارف زیاد خدمت کرد. در صورتی که خودش چندان تحصیل نداشت، جز دورهٔ مقدماتی و تحصیلات سطحی.

بالاخره یک سال پس از تمکّن او به اریکهٔ سلطنت، عروسی مرا رسماً اعلان کردند.
اول‌عروسی‌ای بود که پس از شوهر کردن خواهرم، در سلطنت برادرم در خانواده‌اش شروع می‌شد.
مادرم خیلی قشنگ و باسلیقه، جهیز مفصل برای من ترتیب داد. برادرم هم پنج‌هزار تومان مخارج عروسی به مادرم داده بود.
عروسی من شروع شد. چهار پنج شبانه‌روز، مهمانی، ساز و آواز و موزیک داشتند و می‌رفتند با این هیاهو و خوشحالی، زندگانی پُرزحمتی را به من تسلیم نمایند و مرا در این تئاتر بزرگ که نامش عُمر و گذشتن شبانه‌روز است، داخل نموده، در واقع به مصائب و زحمات اجیر بدهند.
من آن نفرت و حسرت را همیشه در خود محبوس می‌کردم. لیکن شوق یک زندگانی مطلق‌العنانی مرا از کدورت منع نموده، تقریباً خود را ازین پیشامد، برخلاف همیشه راضی و خُشنود می‌دیدم. و جهت این رضایت، همه این بود که پس از پدرم، دنیا برای من تمام و «خوشی» کلمهٔ غیرمعلومی بود. زیرا در این حیاطی که ما را منزل داده بودند، به‌اضافهٔ این که محقر و غیرقابل زیست بود، تقریباً حبس بودیم؛ هیچ اسباب اشتغال و تفریحی نداشتیم؛ برخلاف منزل محتشمانهٔ پدرم که همه قِسم اسباب آسایش و رفاه در او منظور بود.

در حقیقت، من خود را زندهٔ مدفون می‌دیدم و فرق این زندگانی را با زندگانی گذشته به‌خوبی احساس می‌نمودم. از این جهت، به عروسی و خلاصی از این محبس رضا داده، دیگر چندان دلتنگ نبودم، بلکه قدری هم خوشحال بودم. آن تأسف و نفرتی که من در زمان پدرم از شوهر در خود احساس می‌کردم، برای این بود که به مفارقت پدر و مادر و آن عزّت و سعادت راضی نبودم. حال که دست پُرقدرت طبیعت آن سعادت و عزّت را از من دور کرد، پس مانعی برای ازدواج ندیده، باکمال بی‌قراری، منتظر این خلاصی از حبس بودم.

روز عروسی فرارسید. ما را برای توالت، شب، به اتاق خلوتی بردند. یکی از زن‌پدرهایم مشغول آرایش من شد.

به‌سرعت برق، تمام سعادت گذشته در نظرم مجسم شد. پدرم را می‌دیدم که با تبسّم اندوهناکی مرا تماشا می‌کند. روز عقد و شیرینی‌خوران خود را به‌خاطر آوردم که پدر داشتم. اشک بی‌اختیار از اطراف چشمم سرازیر شد. صاعقه بر سرم خورد. زیر بار درد و اندوه بیچاره شده، سرم به عقب افتاد. نفسم قطع شد.

تمام مدعوین به این اتاق هجوم کرده، تقریباً مرا نیمه‌مُرده دیدند. با هزار زحمت، مرا به‌حال آورده، مشغول تسلّی شدند.

مادرم هم زحمتش کم از من نبود و اندوه در چهرهٔ ملایم و مطبوع او اثر غریبی کرده بود. در این چهرهٔ قشنگ، چشم‌های درشت قشنگ اشک‌آلودی دیده می‌شد که در آن‌ها عفّت و محبّت، عظمت درد و زحمت و ملایمت به‌وضوح آشکار بود. این صورت در آن ساعت، به‌قدری دلچسب و پاک بود که هنوز هرگاه چشم برهم می‌گذارم، آن را می‌بینم.

دستی بر سرم کشید، مرا بوسید و گفت: «مادر! پدرت مُرد. اما بزرگ‌تر از اویی هست.»

متعجبانه پرسیدم: «کیست؟»

سر به آسمان بلند نموده، دو قطره اشک از چشم‌هایش سرازیر شده، گفت: «خدا.»

آن‌وقت دیدم آن ضعف و زحمتی که در من تولید شده بود، به قدرتی مُبدّل شده و نور امیدی در اطرافم پراکنده گشته. اما افسوس که این امید آنی بود و دوباره غرق حزن و اندوه شدم. لیکن دیدم عیش و سروری که در این جماعت بود، منقضی شده و به‌واسطۀ حزن من، تمام محزون هستند. تمام قدرت خود را به یاری طلبیده، باجدّیت کافی، حزن خود را مخفی نمودم.

آرایش تمام شد و ما را به سرای سلطانی بُردند. تشریفات زیادی از هر قِسم و هر قبیل مهیّا کرده، خیلی معظم و محترم ما را پذیرفتند.

پس از ساعتی که شیرینی و شربت صرف شد، برادرم آمد و خیلی مهربانی و محبّت کرد. مرا بوسیده، نوازش کرد. لیکن این محبّت‌ها و ملایمت‌ها ابداً تخفیفی در زحمت روحانی من نداد، و آن هیکل قابل پرستش پدر را از نظر من محو ننمود.

شاه به سردرِ الماسیه رفت. فرمان آتش‌بازی داده شد.

پس از یک ساعت، از خانوادۀ داماد، دختر همان اتابک و دخترهای خود امیرنظام آمده، اجازۀ بردن ما را از حضرت سلطان خواستند. اجازه داده شد.

چادر ترمۀ سفیدی روی جواهرات، بر سرِ ما انداخته، چاقچور مخمل سبزی به پای ما کرده، بازوهای ما را گرفته، به‌حضور بردند.

پس از این‌که پای برادر را بوسیدیم، با مادر وداع کرده، اولین قدم را به‌طرف کج‌بختی برداشته، با معتمدالحرم و خواجه‌های زیاد، تا درِ کالسکه آمدیم.

داماد را حسب‌الرسم به درِ کالسکه آورده، رکاب کالسکه را بوسید و رفت. ما را هم سوار کرده، حرکت دادند.

جنجال و آشوب غریبی بود. از دو طرف، سربازها صف کشیده، هرچند قدم به چند قدم فاصله، یک دسته موزیک شروع به زدن

نموده، با هیاهو و احترامات زیادی ما را به خانهٔ داماد وارد کردند. موقعی که می‌خواستند مرا از کالسکه بیرون بیاورند، از بس کوچک بودم، نمی‌توانستم. پدرشوهرم مرا بغل گرفته تا درِ حیاط برد و آن‌جا به‌دست کسانم سپرده، رفت. و هیچ نفهمیدم که بَاید خجالت کشید یا باید به اطراف تماشا نکرد؟ جنجالی دیده، آشوبی دیده، تماشا می‌کردم و به‌کلّی خود را گم کرده، هیچ نمی‌فهمیدم این‌همه هیاهو برای چیست.

چند ساعتی گذشت. من منتظر نتیجهٔ این آشوب بودم که با من چه خواهند کرد؟ همین قِسمی که مشغول تماشا و فکر بودم، خوب حس کردم که در اطراف من، نجوای زیادی می‌کنند و بعضی‌ها آثار رضایت و قبول در چهرهٔ خود آشکار می‌کنند. بعضی‌ها رو کرده، کلمهٔ «غیرِممکن» را بر زبان می‌رانند.

پرسیدم: «این‌ها چه می‌گویند؟»

یکی از خانم‌ها پیش آمد و گفت: «به‌واسطهٔ مهمان‌های زیاد و جمعیّت محترمین، داماد اجازه خواسته است شام را بیرون صرف نماید.»

اگر چه من این مسأله را برای خود یک نوع بی‌احترامی می‌دانستم، لیکن سری به‌رضا حرکت داده، چیزی نگفتم.

پیش خود فکر می‌کردم که این شوهر من باید خیلی جوان باشد، برای این‌که شام خوردن با مهمان‌های خود را که دوستان موقتی و سریع‌الزوال هستند، ترجیح داده است به یک دوست حقیقی و یک معاشر دائمی و رفیق خوب و بد.

پیش خود قَسَم‌ها می‌خوردم که هیچ‌وقت این تحقیر اول را فراموش نکرده، صمیمانه او را محترم نشمارم.

شام آوردند. من به‌واسطهٔ انقلابی که در خود می‌دیدم، نتوانستم غذا صرف نمایم. یک‌قدری بازی کرده، خود را مشغول نمودم.

این تغییرِ حال و انقلابِ خیالِ مرا بعضی از خانم‌ها درک کرده،

مطلب را فوری به پدرشوهر من اطلاع دادند.
او که نمی‌خواست از بَدوِ امر، دلتنگی در میان باشد، فوری پس از شام، دست داماد را گرفته، با شاهزاده جهانسوز میرزا، پسر فتحعلی‌شاه، به منزل من آمده، به‌اصطلاح، ما را «دست‌به‌دست» دادند و قدری توقف نموده، شیرینی و شربت صرف کرده، مطرب‌ها و مهمان‌ها آشوب و ازدحامی کرده، جنجال غریبی برپا نمودند.
پس از ساعتی، آن‌ها برخاسته رفته، تمام مهمان‌ها یک‌به‌یک آمده، خداحافظی کرده، «مبارک‌باد» گفته، رفتند.
من و داماد تنها ماندیم. سجاده و آفتابه‌لگن آوردند. ما هر دو برخاسته، وضو ساخته، نماز شکرانه به‌جای آوردیم. پس از آن، مشغول صحبت شدیم.
در همان کلمهٔ اول، محسوس شد که شوهر من بچه است و تمام حرف‌ها و صحبت‌های او منحصر به بازی‌های کودکانه است. در این تاریخ، خیلی قشنگ و مَلوس بود. من‌هم پس از این‌که دیدم این شخص منتخب شده و مال من است، خود را حاضر کردم او را دوست بدارم و می‌دیدم از او منزجر و فراری نیستم، بلکه واقعاً به او محبّت دارم؛ اگرچه عشق شدیدی نیست، اما محبّت خوبی است. و شاید اگر می‌فهمیدم، این محبّت منجر به عشق می‌شد و اسباب سعادت هر دو بود. عشق من به او ابداً اشکال نداشت؛ چون یک دختر جوان سیزده‌ساله، با یک قلب و ضمیر پاک، خیلی زود قبول می‌کند؛ اما بدبختانه او راه این سعادت را ندانست و از همان روز اول، مرا از خود منزجر و دور کرد.
فردای روز عروسی، پاتختی بود. مهمانی آن روز را در باغ داده بودند. لیکن من در منزل خود بودم و شوهرم هم پیش من بود. هر دو بچه و جوان بودیم و هر دو در کمال عزّت و بزرگی، این زندگانی محقر را پیموده بودیم. هر دو از یکدیگر متوقع محبّت و احترام بودیم. هر دو می‌خواستیم مُطاع باشیم.

پس وقتی دو طبع آن‌قدر با یکدیگر مطابق باشد، ناچار در زندگی دائمی، مغایرت زود تولید می‌شود.
پس، از همان روز اول، هرچه صحبت می‌داشتیم، خصمانه بود.
بالاخره شروع به بازی ورق کرده، داماد به من باخت. من‌هم یکی دو مرتبه بازی را به‌هم زدم و حرکات کودکانه کردم.
این مغلوبیّت به شوهر عزیز من گران آمده، از همان روز اول، از من قهر کرد. من‌هم از او لوس‌تر و پُرادعاتر؛ من‌هم قهر کردم.
هرکدام یک گوشهٔ اتاق نشسته، مشغول فکر شدیم.
آینهٔ بزرگی در این اتاق نصب بود و تمام سراپای من در این آینه پیدا بود.
من خود را می‌دیدم فوق‌العاده خوشگل، مثل یک ملکه یا یکی از ربّ‌النّوع‌ها. تعجب می‌کردم که چرا شوهر من زانو نمی‌زند و مرا تقدیس نمی‌کند؟ چرا از من قهر می‌کند؟ به‌چه طاقتی روی از من برمی‌گرداَند؟ این مگر انسان نیست؟ این مگر چشم ندارد؟ الله‌اکبر! آیا این قِسم زندگانی بدتر از مرگ نیست؟ آیا تمام ساعات عُمر من به‌این نحو خواهد گذشت؟
تمام آن چیزهایی را که از سعادت و عزّت و احترام در عُمر گذشتهٔ کوچک خود داشتیم به‌یاد می‌آوردم و بعد می‌دیدم به‌اصرار یک نفر، حیوانی را بر من مسلط کرده، شریک زندگانی کرده‌اند. قلبم فوق‌العاده می‌تپید و دلم می‌لرزید. اشک، مثل سیل، بر صورتم جاری بود.
آری، مردم به من خوشبخت می‌گویند، زیرا با این‌همه عزّت و هیاهو و ثروت مرا به شوهر داده‌اند. خانوادهٔ خیلی معظمی مفتخراً مرا باکمال اشتیاق و آرزو پذیرفته‌اند. فوق‌العاده خوشگل و مطبوع، دارای حقوق گزاف و امیدوار به آینده، اولِ جوانی؛ اما در تمام این سعادت‌های ظاهری و خوشی‌های سطحی، منِ بیچاره بدبخت‌ترین مخلوق هستم. نگاهداری این سعادت منوط به سعی و عمل است.

سعی و عمل نتیجهٔ اتحاد است. اتحاد از چه چیز ایجاد می‌شود؟ از محبّت. محبّت از چه تولید می‌شود؟ از عقل. عقل از کجا تکمیل می‌شود؟ از علم.

این طرف و شوهر عزیز من، بچهٔ خودسرِ خسته‌کننده‌ای است. پس من بدبختی را روبروی خود، معاینه می‌دیدم و خوب حس می‌کردم که عاقبت وخیمی را باید منتظر باشم.

روز به‌همین قِسم گذشت.

عصر، مرا به مجلس مهمانی بردند. مثل برلیانت‌ها از خوشگلی می‌درخشیدم و فوق‌العاده اسباب توجه و تحسین شده بودم.

در دل دعا می‌کردم این دو سه ساعتِ عصر به‌قدر روز محشر طول بکشد تا من دوباره به منزل خود نیایم و دچار حرکات وحشیانه و محبّت‌های مستهزئانهٔ شوهرم نشوم. اما هرچه را انسان بخواهد، نمی‌شود و طبیعت از محور خود تخطی و تجاوز نکرده، آن‌چه را میل دارد می‌کند.

شب شد و ما دوباره به منزل مراجعت کردیم.

شوهرم مشغول بازی بود. کاغذپاره‌های فراوانی جلوِ خود ریخته و دیوِ کاغذی می‌ساخت؛ تخت درست می‌کرد، شاه و وزیر ترتیب می‌داد.

اگرچه این بازی کودکانه و بی‌غرضی بود، لیکن من به‌محض دیدن این بساط، مثل برق‌زده‌ها به‌جای خود خشک شده و روی یک صندلی افتادم.

تصور کردم این اساس را برضدِ من فراهم کرده و این شاهِ کاغذی که به‌صورت دیو ساخته، گوشه‌ای به خانوادهٔ من زده.

کم‌کم این خیال به‌قدری در من مؤثر افتاد که تصور به یقین مبدل شد.

باکمال حزن، دایهٔ خود را صدا کرده، گفتم: «ببین ممه‌جان! به پدر و خانوادهٔ من توهین می‌کند و به من از این راه، زحمت می‌دهد.

چرا روز اول عروسی و اول مرحلهٔ زندگانی، این حیوان مرا می‌رنجاند؟»

شروع کردم به گریه و به اتاق دیگر رفتم.

کسانی که همراه من بودند، به اتاق رفته، او را ملامت کرده و کاغذها را پاره کرده، دور ریخته و ما را آورده، باهم صلح دادند. لیکن وقتی رفتم او را برای آشتی ببوسم، خوب حس کردم که می‌میرم. دو سه روز گذشت. هر دقیقه یک زحمت تازه مشاهده می‌کردم. مثلاً این شوهر عزیز من پس از غذا خوردن، دست و دهان چرب خود را نمی‌شُست و مخصوصاً اگر من به او می‌گفتم: «خوب نیست دست نشویید.»، با من لج کرده، چربی‌ها را با پرده‌های مخمل، پاک می‌کرد. سر خود را شانه نمی‌کرد. لباس عوض نمی‌کرد. همیشه مخالف عقیده و سلیقهٔ من بود. اگر به او می‌گفتم: «نظیف باش.»، کثیف بود. اگر می‌گفتم: «آرام باش.»، شرارت می‌کرد. هرچه به او می‌گفتم، برعکس اقدام می‌کرد. فوری و بدون فراغت، زندگی ما از روز اول، به دوییّت شد. هرچه صحبت با یکدیگر داشتیم، تمام خشن و درشت بود. هر حرکتی می‌کردیم، برخلاف و برضدِ هم بود.

من داخل زندگانی پُرزحمتی شده بودم و آن آسایش‌های منزل مادر و پدر به‌کلّی از من دور شده بود. گاهی زیر بار زحمت و اندوه، بیچاره و عاجز شده و در یک اتاق، تنهایی مشغول گریه می‌شدم. ساعات شبانه‌روز، من با این شوهر خود در مجادله، بل مخاصمه بودم. نه این که من باعث بروز و ظهور این انقلاب بشوم؛ نه! خدا را به شهادت می‌طلبم در من تقصیری جز غرور نبود، بلکه او باعث تمام این حرکات بود. زندگانی ما مُرکّب بود از دلتنگی، گریه و کتک‌کاری. از چه ساعت؟ از شب اول و ساعت اول زندگانی. و مُفسد و آنتریک‌کن تمام این وقایع، ددهٔ سیاهی بود که پس از فوت مادرشوهر من، پرستار این بچه بوده است. مثلاً این طفل را مجبور

می‌کرد در حضور من، با کنیزها کتک‌کاری کرده، بعد شوخی شوخی آن‌ها را ببوسد. زیرا می‌دید من از این بابت فوق‌العاده دلتنگ می‌شوم. یا این‌که او را مجبور می‌کرد از بیرون به اندرون نیاید و در همان بیرونی منزل کند. و اگر باز از ترس پدرش در بیرون نماند، این بچه را به اتاق خودش بُرده، در بغل خودش می‌خواباند. این سیاه نه این‌که با من طرف باشد، نه! بعدها که فهمیدم، اخلاق این دده همیشه فاسد بوده است و عاداتش تولید زحمت برای مردم.

تقریباً بیست روز از عروسی من گذشت و مُحَرَم پیش آمد. پدرشوهر من در دههٔ اول این ماه، روضه‌خوانی معظمی داشت.

من خیلی خوشحال شده بودم که یک اشتغالی در این دلتنگی‌ها پیدا کرده، فرصتی برای گریه پیدا می‌کنم. زیرا روبروی کسان خود، گریه نمی‌کردم و نمی‌خواستم بدبختی من شیوع پیدا کند؛ زیرا خیلی پُرغرور بودم.

در محرم، لباس آبی‌رنگ پوشیدم و هر روزه، سراپای خود را غرق جواهر کرده، با انواع زینت‌های قشنگ، به روضه می‌رفتم. فامیل شوهر من به‌اضافهٔ فامیل خودم و دختر اتابک، همه‌روزه بودند. تقریباً عیش بزرگی برای من بود که از دست زحمت‌های داخل به تماشای خارج، خود را تسکین بدهم.

لازم است از بدجنسی نوع بشر و از دسیسه‌کاری‌های خانه‌خراب‌کن این مردم شرحی برای شما بنویسم.

این شوهر من چهار خواهر داشت؛ دو خواهر از خاله‌اش که قبلاً زنِ پدرش بوده، بعد فوت می‌شود، که هر دو در خارج تهران، یکی در اُرومی و دیگری در ماکو بودند و شوهر داشتند. یک خواهرش که از مادر خودش بود، عروس اقبال‌السلطنه بود و خواهر دیگرش هنوز شوهر نکرده، در خانه بود. پسر اقبال‌السلطنه که معظم‌السلطنه نامیده می‌شد، در میان فامیل زنش، خیلی مطبوع و محترم بود.

در زمانی که مرا برای شوهرم شیرینی می‌خوردند و من هشت‌ساله

بودم، عکس مرا در آن زمان انداخته، برای شوهرم می‌فرستند. این عکس را تمام فامیل دیده بودند؛ زیرا من هشت سالم بود و هنوز قابلِ حجاب نبودم.

در همان زمان، این شخص در خود علاقه‌ای نسبت به من احساس می‌نماید. هرقدر من بزرگ‌تر می‌شوم، علاقهٔ این جوان هم بزرگ می‌شود، تا این‌که مرا عروسی می‌کنند. حال که من در خانواده آمده‌ام، این بدبخت تمام همّتش را مصروف به این نموده است که بین من و شوهرم اُلفتی تولید نشود و از این راه، شاید او به مقصودی که دارد موفق شود. شوهر من هم بچه و قابلِ‌فریب بود و به این شوهرخواهر هم بی‌اندازه علاقه داشت.

معظم‌السلطنه نقشهٔ مرتبی در پیش خود می‌کشد، ولی اجرای نقشه را از عهدهٔ خود خارج می‌بیند و برای این جنایت و خیانت خود، شریک و همدستی می‌خواهد.

هر روز، من متجاوز از پنجاه شصت نفر مهمان داشتم. تمام زن‌پدرها، همشیره‌ها و اقوام، دسته‌دسته، به روضه می‌آمدند. پس از اتمام روضه که این‌ها به منزل من می‌آمدند، برادرها و قوم و خویش‌های مَحرَم من از بیرون سلام پیغام می‌دادند و اغلب، زن‌پدرها داوطلب می‌شدند که ایشان به اندرون بیایند و ما آن‌ها را ببینیم.

این جوانک هم همیشه با ایشان بود و خصوصیّت را با شوهر من گرم کرده بود و انواع و اقسام هدیه‌ها برای او می‌فرستاد. آن بیچاره هم در دوستی و از سرِ بچّگی، می‌پذیرفت و هیچ خیال نمی‌کرد که آن‌ها اسباب بدبختی و تاریکی روزگار روشن او هستند.

این معظم‌السلطنه جوانی بود تقریباً نوزده‌ساله، فوق‌العاده خوشگل و خوش‌صورت، خیلی مؤدب و مهربان، تحصیل‌کرده؛ و یکی از دخترهای اتابک هم نامزد و عقدکردهٔ او بود.

در مواقعی که این جوان به منزل من می‌آمد، من احساس می‌کردم رفتار او مانند سایرین، طبیعی و ساده نیست. و هر وقت چشم‌های

من با چشم‌های او تصادف می‌کرد، یک فروغ غیرطبیعی از آن‌ها ساطع، و اضطراب آشکارا محسوس بود. لیکن من نمی‌فهمیدم؛ درصدد فهم مطلب هم نبودم.

این آمد ورفت‌ها به‌کلّی بی‌نتیجه بود. زیرا من و شوهرم آنی ازهم جدا نمی‌شدیم و در تمام این ملاقات‌ها، شوهر من همه‌جا با من بود و من هیچ‌وقت تنها از این جوان پذیرایی نمی‌کردم، زیرا خجالت می‌کشیدم و با مردی غیر از شوهر خود قدرت تکلّم نداشتم. اگر برحسب اتفاق هم وقتی او به منزل من می‌آمد که شوهرم نبود، من معذرت خواسته، نمی‌پذیرفتم.

کم‌کم این جوانی که برای هوا و هوس، گمراهی مرا قبول کرده، خود را اسباب کار درست کرده بود، از چند جای مجروح شد و عشق شدیدی نسبت به من پیدا کرد. تا حال، اگر برای دیگران آلتِ کار بود، امروز برای خود مُجدانه مشغول کار است. لیکن نتیجه نمی‌بُرد و جز زجر و زحمت، چیزی عایدش نمی‌شد.

بالاخره خسته می‌شود و به رفیق همدست خودش از نزدیکی و معیّت شوهر من، شکایت می‌کند.

آن رفیق شفیق مهلت می‌خواهد که نقشهٔ صحیحی ترتیب بدهد.

در این بین‌ها هم طبیعت با آن‌ها مساعدت کرده، نقشهٔ آن‌ها را مرتب می‌کند: یک دسته رقاص و بازیگر همراه یک سیرک، از روسیه به ایران می‌آید. پس، ازدحام و اجتماع غریبی کرده، در ظرف یک‌هفته، این دو دختر زشت بدگِل محاصره شدند از عشاق که تمام اعیان اشراف مملکت بودند. و این‌ها وجود این دخترک را مغتنم شمرده، او را اسباب تشریفات مقاصد خود قرار می‌دهند و باهم متحّد می‌شوند که شوهر مرا به‌هر وسیله‌ای هست، به محبّت این دختر ترغیب و تحریص نموده، او را به او مشغول کنند. اولاً تعریف و تمجید او را نموده، خود را عاشق این دختر جلوه می‌دهند. پس از آن، او را تحریک می‌کنند که به‌همراه خود به سیرک بُرده،

دختر را به او نشان بدهند.
یک روز عصر، من در حیاط، گردش‌کنان، مشغول قدم‌زدن بودم. دیدم قوم من وارد شد و خیلی ملایم و مهربان با من گفت‌وگو را شروع نمود.
من‌هم با او احوال‌پرسی کرده، سؤال کردم: «پس شوهر من کجاست؟»
اظهار کرد: «بیرون است و مرا در پیشگاه شما شفیع قرار داده.»
از این صحبت‌ها چیزی مفهوم من نشد. به‌نظر استفهام به او نگریسته، پرسیدم: «چه شفاعتی؟ مگر او چه کرده؟»
گفت: «هنوز کاری نکرده که موجب عفو و بخشایش باشد و شفیع لازم باشد. این شفاعت برای یک تفرّج در خارج است.»
گفتم: «من نمی‌فهمم. خوب است بی‌پرده بفرمایید مقصود چیست؟»
گفتند: «این سیرک که باز شده، نقطهٔ اجتماع تمام محترمین است و جای بی‌قاعده‌ای نیست. اجازه بدهید امشب را ایشان به سیرک آمده، تماشا نمایند.»
من خجالت کشیده، سرخ شدم و گفتم: «اجازه لازم نبود. ایشان مختارند، در حالتی که خود شما نیز همراه او باشید و مهمان شما باشد.»
اظهار وجد و شعفی کرده، گفت: «شما منّت بزرگی بر من گذاشته و من امتنان خود را به‌هیچ قِسم نمی‌توانم عرض کنم، مگر این‌که دست شما را ببوسم.»
و با یک هیجان فوق‌العاده‌ای دست مرا گرفت که ببوسد.
من خود را عقب کشیده، گفتم: «لازم به شکرگزاری نیست. من کاری نکرده‌ام که قابلِ مرحمت شما باشد.»
این جوان بی‌اختیار دست‌ها را به پهلو انداخته، دو قدمی به عقب رفت و مدتی طولانی به من نگاه کرد. خون به یک سرعت غریبی

به سر و صورتش ریخت و با یک لرز عصبانی، دوباره دست‌ها را به‌هم وصل کرده، گفت: «تو قابل پرستشی، تو قابل پرستشی! وای به‌حال کسی که جز تو معبود و منظوری داشته باشد!»

پس از گفتن این کلمات، افتان و خیزان، خود را به طرف در کشیده، مثل کسی که مُجرم یا گناهکار است، روی به فرار نهاد و مرا با یک وحشت و جُبنی به‌جای خود گذاشت.

مدتی سرم گیج، حالم بد بود و هیچ نمی‌فهمیدم کجا هستم و چه می کنم.

پس از آن، یک‌مرتبه به اطراف خود نگاه کردم. ناامیدانه ناله نموده، گفتم: «آه! بدبخت! بدبخت!»

پس از آن، به اتاق خود رفتم و خود را روی خوابگاه انداخته، مثل مریضی که مُشرف به موت است، دست و پا می‌زدم.

از این ساعت و از این کلمات، یک بدبختی عظیمی در خود احساس می‌نمودم. گاهی به مادرم در عالم خیال، لعنت و نفرین می کردم که چرا زندگانی آسودهٔ مرا مشوش نموده و چرا با این‌همه های و هوی و تحمیلات، مرا به بدبختی عرضه کرد. یک ماه هست شوهر کرده‌ام و تمام این یک ماه در اضطراب و انقلاب بوده‌ام. آه، خدایا! آیا تمام مردم همین قِسم زندگانی می کنند؟ یا زندگانی من با سایرین فرق دارد؟ هر شوهری همین است؟ یا شوهر من این است؟

من حق داشتم مضطرب باشم، زیرا در منزل پدرم و تحتِ تربیت مادرم، تمامِ زندگانی‌ام ساده و محترمانه بوده است. همیشه مطاع بوده‌ام و همَه قِسم از من رعایت احترام می‌شده است و از هرحیث محظوظ بوده‌ام. با این زندگانی جدید، غیرآشنا بودم. در میان جزر و مدّ زندگانی، عاجز مانده، مُستأصل شده بودم. علی‌الخصوص که پدرشوهر من هم به‌کلّی مرا مطلق‌العنان گذاشته بود و راهی را که از منزل من به منزل او بود، مسدود کرده بود. و این زندگانی آزاد خودسرانه، در عوض این‌که مرا مسرور بدارد، محزون کرده

بود؛ چون تنها و فقط به راهنمایی افعال، در این دریای خطرناک پُرطوفان باید بحرپیمایی نمایم. و من‌هم طفل خردسال؛ طفلی که هنوز قابلِ‌توجه است؛ طفلی که به‌کلّی از سَبکِ زندگی عاری و متواری است؛ طفلی که قابلِ‌فریب است.

با این خیالات درهم برهم، خوابم بُرد.

یک‌وقت بیدارم کردند؛ دیدم تقریباً صبح است و شوهرم آمده.

من از او استفسار کرده، تفصیل را پرسیدم. دیدم چند کلمه درهم برهم به من جواب داد، خستگی و کسالت را بهانه کرده، خوابید.

من‌هم دوباره خوابیدم.

صبح که بیدار شدم، حسب‌الرسم، شوهر خود را در پیش خود ندیدم.

سؤال کردم: «کجاست؟»

گفتند: «صبح خیلی زود رفته بیرون.»

این خلاف رسم و عادت را من خوب ملتفت شدم، لیکن اهمیّتی نداده، به‌روی خود نیاوردم. مشغول نواختن پیانو شدم که عشق غریبی داشتم به تصنیف تازه‌ای که معمول شده بود.

تقریباً ظهر، شوهرم آمد؛ لیکن رنگ خود را باخته و آثار اضطراب و زحمت فوق‌العاده در او مشهود بود.

پرسیدم: «شما را چه می‌شود؟»

گفت: «دلم درد می‌کند. آمدم به شما اطلاع بدهم ناهار میل ندارم و بروم بیرون، کار لازمی دارم.»

من یک نگاه پُرحسرتی به او کرده، گفتم: «بروید. لیکن درد شما به مرض قلبی بیش‌تر شباهت دارد. خیلی احتیاط کنید، خطرناک است!»

نگاه پُرتزلزل و تفتیش به من کرده، ساعتی مُردّد ماند که چه جواب بدهد. بالاخره سرش را زیر انداخته، رفت.

من‌هم چون در تمام ساعات شبانه‌روز با شوهرم مشغول معارضه و

منازعه بودیم، این غیبت او را مغتنم شمرده، هیچ آثار حزن و تأسفی مشاهده نمی‌کردم؛ بلکه خوشحال بودم که به‌میل خود می‌خوابم، ساز می‌زنم، راه می‌روم و کسی نیست با من چون و چرا نماید.

خوب می‌دیدم که من آزادی را به همهٔ چیزها، حتی به زندگانی، ترجیح می‌دهم و اطاعت و انقیاد خسته‌ام کرده است.

کارگاه قشنگ و کوچکی داشتم، نشسته، مشغول گلدوزی شدم. و این گل را خیالی می‌دوختم، بدون نقشه. و خوب از عهده برآمده، مطبوع‌ترین و عزیزترین صنعت‌های خود محسوب می‌داشتم.

ناگاه در باز شد و آن جوان وارد شد. با یک نگاه پُرحسرتی به من تماشا کرده، گفت: «تنها هستید؟»

گفتم: «آری!»

گفت: «چه می کنی؟»

گفتم: «گلدوزی!»

اجازهٔ تماشا خواست. من‌هم قبول کردم.

وقتی به‌طرف من متمایل شد و به کارهای من تماشا می‌کرد، احساس کردم می‌لرزد.

برگشته، یک نگاه عجیبی به او کردم.

بی‌اختیار خود را به پای من افکند، گفت: «العفو! العفو!»

من مبهوت نگاه می‌کردم. گفتم: «چه می گویی بدبخت؟ چه کرده‌ای که عفو می‌طلبی؟»

جواب نداد. درعوض جواب، دست در بغل کرده، کاغذ خیلی قشنگی درآورده، به من تقدیم نمود. و مثل این‌که طاقت تحمّل بیش از این را ندارد، سر پیش افکنده، دور شد و برای من حیرت و وحشت غیرقابل ذکری برجا گذاشت.

کاغذ را باسرعت غریبی باز کرده، چندین مرتبه، از سر تا ته، مرور نمودم. این کاغذ تقریباً ده صفحه بود و تمام شرح این مدت را که به‌اغوای چه‌کسی به خانهٔ من آمده و مقصود طرف مقابل چه بود

و چه قِسم این بیچاره فقط اسباب کار بوده و بعد چه قِسم خودش گرفتار و مجذوب شده و حالا به سرحد جنون به من عشق پیدا کرده، تمام در او درج بود.

پس از مطالعه و ملاحظه، چشم‌ها را روی هم گذاشته و یک مروری به دورهٔ شناسایی این جوان نموده، دیدم تمام آن‌چه نوشته صحّت دارد و تمام حرکاتی که در این مدت کرده است و من به‌نظر بی‌اعتنائی تماشا کرده‌ام و ساده تصور می‌نمودم، برخلاف بوده است. آن‌وقت، مثل این‌که از یک خواب پُروحشتی بیدار شده باشم، بر خود لرزیدم. خواستم فریاد بزنم، نفسم یاری نکرد. رفتم برخیزم، بی‌اختیار روی صندلی افتادم. خود را مُشرف به مرگ می‌دیدم. ولی در میان تمام این انقلابات، باز خود را نباخته، با یک عزم ثابتی برخاسته، کاغذ را پاره پاره و مفقود نمودم و مشغول فکر شده، می‌خواستم خود را تسلّی بدهم از این زحماتی که متوالیاً در این مدت، مثل باران بر من باریده و تمام قوای مرا به‌کلّی فلج کرده بود.

امشب هم شوهرم برخلاف معمول، به خانه نیامده و تقریباً نزدیک صبح بود که آمد. مرا بیدار کرد. دیدم چشم‌هایش از گریه وَرَم کرده و بی‌اندازه حالش منقلب است. از آن ساده‌لوحی و ضمیر پاکی که داشتم، نفهمیدم او را چه می‌شود. تصور نمی‌کردم این قِسم به‌سرعت برق، عاشق بشود.

پرسیدم: «چرا گریه کردی؟»

گفت: «دلم درد می‌کند.»

گفتم: «اگر دل‌درد داری، تا این‌وقت شب کجا بودی؟»

گفت: «همراه شوهرخواهرم به تماشا رفته بودم»

سؤال را قطع کرده و یک خلجان خاطری در خود احساس نمودم و با همین افکار پریشانِ درهم و برهم که به هیچ کجا منتهی نمی‌شد، خوابیدم.

باز صبح که بیدار شدم، او را ندیدم. هرچه تفتیش کردم، چیزی

مفهوم نشد و نفهمیدم او در چه خطی مشغول سیر است.
این تنهایی که اول مرا مسرور کرده بود، حال، کم‌کم مرا مضطرب می‌سازد و این دوری بی‌جهت در من تولید یک اندوه و حزن بی‌پایانی نموده است.
امروز هرقدر تفحص کردم، کلیتاً شوهرم را نیافتم. نه بیرون بود، نه منزل پدرش بود، نه منزل خواهرش بود.
بالاخِره، پس از تفتیشات زیاد، به من گفت: «صبح زود، با ماژور، پسر کُنت، سوار شده، بیرون رفته‌اند.»
من کم‌کم بی‌حوصله شده، خون در سرم به جوش آمده بود.
تقریباً غروب بود که شوهرم آمد، ولی خیلی بدحال‌تر از روزهای پیش.
من بنای مؤاخذه و داد و فریاد گذاشتم که: «کجا بودی؟»
به من جواب نداد. زیاد که اصرار کردم و فریاد زدم، گفت: «هرکجا میل دارم، بودم. شما حق تعرّض به من ندارید.»
این کلمه که هیچ منتظر نبودم، در من اثر رعد و برق را نموده، به‌جای خود خشک شدم. پس از لحظه‌ای، راه منزل پدرشوهر را پیش گرفته، رفتم شکایت شوهر را به او نمودم.
خیلی با مهربانی و خوش‌رویی مرا پذیرفته، وعده داد که او را قدغن کند از منزل خارج نشود.
به‌محض برگشتن به منزل، دیدم باز شوهرم نیست و مفقود شده است.
در همین اوقات تلخی و انقلاب خیال، کاغذی به‌توسط پُست به من رسید؛ خیلی محترمانه و باکمال خیرخواهی شرح ذیل در او درج بود:

حضور حضرت علیهٔ عالیهٔ محترمه!
یک دوست مجهولی عرض و تصدیع می‌دهد. اولاً تأسفات صمیمانهٔ

غمناکانهٔ خود را از این پیش‌آمد تقدیم نموده، بعد عرض می‌کند: ای مَلَک‌سیرت! فرشته‌صورت! حیفِ تو که در بدو جوانی و عمر، دچار خانوادهٔ نمک‌به‌حرام قدرندانی شده‌ای! این خانواده که از دولت پدر تو به این مقام بلند ارجمند و اریکهٔ سعادت و نیک‌بختی نزول نموده‌اند، هیچ رعایتِ خاطر تو را نکرده، بلکه به تو تحقیر می‌نمایند.

آیا سبب غیبت ناگهانی شوهر پست‌فطرت را می‌خواهی بدانی؟ سبب این است که او عاشق شده است به کتی نام، یکی از دخترهای رقاص که در سیرک بازی می‌کنند. و به او معاونت و کمک می‌نماید ماژور، پسرِ کُنت، که گرگِ بُراقِ گیتی است. و به او می‌بَرَد کاغذ و هدیه حسین، فراشِ خلوت، که غرق نعمت و احسان توست.

اگر صحّت این مطلب را میل داری، تفتیش کن در جعبه‌ای که به‌نمرهٔ ۲۴ بسته شده است در اتاق خلوتِ زاویهٔ تالارِ مسکونی او، و تفنگِ گنجشک‌زنی نمرهٔ ۲۰ انگلیسی را بخواه.

امضاء: دوستِ مجهول.

سرم دَوَران پیدا کرد. یک ورطهٔ عمیقی زیر پای خود مشاهده نمودم. بی‌اختیار، اشک از چشم‌هایم سرازیر شد. قوهٔ ایستادن از من سَلب گشت. چرخی به دور خود خورده، بی‌حال روی زمین افتادم.

پس از ساعتی که قدری تخفیف پیدا کردم، برخاسته، دست‌ها را جلو داده، مثل این‌که بخواهم چیز موحشی را از خود دور نمایم، بی‌خودانه فریاد زدم: «ای خدا! ای خدا! آیا در تمام این عالم، من دوست و صدیقی ندارم که مرا کمک و همراهی کند؟»

صدای مضطربی از پشت سر من گفت: «چرا. دوستان تو، تو را با یک نظر احترام و پرستش، همیشه مواظب و مراقب‌اند. این تویی که به دوستان صمیمی اعتنا نکرده، آن‌ها را به‌نظر تحقیر تماشا

می‌نمایی.»
برگشته، همان جوان بیچاره را دیدم؛ خجل‌شده، سر به‌زمین‌افکنده.
گفتم: «شما در این ساعت کجا بودید؟»
گفت: «من وعده داشتم و مهمان شوهرت بودم که امشب، به‌اتفاق، به سیرک برویم. حال که آمدم، او رفته بود. آمدم تو را دیده، بروم. این است که می‌بینید در این‌جا ایستاده‌ام و خوب به‌موقع رسیدم، اگر قبول کنی مرا و دوستی مرا.»
من با ضعف و بیچارگی، سرم را حرکت داده، گفتم: «افسوس که من بدبختم و در این تنگنای بدبختی، کسی را نمی‌بینم که با من شریک و سهیم باشد. نه، نه! من در این عالم نمی‌توانم دوستی برای خود بشناسم، جز قبر و پناهی داشته باشم، جز مرگ.»
نالهٔ وحشتناکی کرد و گفت: «آه، آه! تو می‌خواهی بمیری؟ نه، نه! تو نباید بمیری. تو باید سعادتمند باشی. تو باید زنده باشی. تو باید آزاد باشی!»
یک نگاه مأیوسانه به او کردم و گفتم: «به چه حق شما مرا از حق، از مرگ، منع می‌کنید؟ من که پدر ندارم، من که مادرم دوستم ندارد، من که شوهرم از دستم رفته، من که تنها و بی‌کس در این عالم باید زندگی کنم، من که هیچ‌کس دوستم ندارد، من که تمام افراد عالم با من ضد، معاند و دشمن هستند، آیا حق ندارم بمیرم و تَرک کنم این زندگانی پُرزحمتی را که شروع کرده‌ام؟»
گفت: «من به چه حق تو را منع می‌کنم؟ سؤال غریبی‌ست! به من درست نگاه کن و ببین! چشم‌های من از شدّت گریه، سرخ و متورم شده. عمر و زندگانی‌ام از عشق و ناامیدی، تلخ شده. من که می‌روم بدهم عمر خودم را در راه تو، لحظه به لحظه، و خون خودم را، قطره به قطره، آیا من حق ندارم تو را برای سعادت و نیکبختی خودم، از مرگ منع کنم؟ چرا بمیری؟ تو جوانی، تو خوشگلی، تو متموّلی. نه، نه! زنده بمان و تلافی کن تمام ناملایمی را که با تو می‌کنند.»

من دست خود را به‌طرف پیشانی خود بُرده، گفتم: «آه، آه! مرگ! مرگ! بیا! بیا و مرا از مجادلهٔ ضمیرم خلاص کن!»
قدمی به‌طرف من برداشته، دست سوزان مرا در دست یخ‌کردهٔ خود نگه‌داشت و گفت: «یک کلمه بگو و جان مرا خلاص کن. بگو که تو عشق مرا رد می‌کنی. بگو که تو مرگ مرا می‌خواهی. بگو که در این تنگنای زندگانی، به محبّت من احتیاج نداری.»
با یک حرارتی این کلمات را بیان نمود که من سراپا مرتعش شده، عاجز از جواب شدم.
می‌بینم که در من دو چیز صورت وقوع پیدا کرده: یکی انتقام و یکی محبّت.
دست خود را آهسته پس کشیده، گفتم: «من به شما حال نمی‌توانم جواب بدهم. صبر کنید.»
گفت: «پس قَسَم بخور به خون پاک پدرت که قصد کُشتن و تلف کردن خودت را نکنی.»
من قَسَم یاد نموده و مثل اشخاص مست روی صندلی افتادم. ایستاده، نگاه‌های پُرمحبّتی به من نمود. بعد، زانو زد و به‌طور تقدیس و احترام، پای مرا بوسید. مرخصی گرفته، رفت.
پس از رفتن او، من به یک انقلاب عظیمی دچار شدم. از طرفی، از این کاغذ و کشف اسرار شوهرم بی‌اندازه محزون بودم. از طرف دیگر، این جوان و عشق او را آلت انتقام قرار داده، می‌خواستم تلافی کنم. ولی جرأت و قدرت اقدام نداشتم. فکر می‌کردم اگر من عشق این شخص را قبول کنم، پس از فهم و درک این مسأله، جواب مادرشوهر و پدرشوهر را چه بدهم؟
بالاخره، مصمم شدم کنجکاوی و تفتیش نموده، اصل مسأله را بفهمم. پس از فهم، به مادر و پدرشوهر شکایت کنم. اگر جلوگیری شد و به‌کلّی این مطلب از میان رفت، من هم تمام وقایع این جوان را به شوهرم گفته، او را از منزل خود طرد و خارج کنم. و اگر

برحسب اتفاق، هیچ‌کس با من مساعدت نکرد و به‌همین وَتیره شوهر من حقوق مرا دزدید، من هم خود را مجبور کنم که این جوان را دوست بدارم و تلافی به شوهرم بکنم. و پس از کشف هم اگر کسی از من ایراد کرد، من تمام تظلمات و عدمِ اعتناء و رفتار شوهر خود را گفته و بَرائتِ ذَمّه نمایم.

با این خیال طفلانه، مصمّم، درصدد کنجکاوی برآمدم.

اتفاق یا بدبختی، نمی‌دانم کدام، مساعدت کرد و فردا شوهرم از صبح با محبوب عزیزش به تفرّج رفتند.

من هم به‌رسم گردش در باغ، بیرون رفته، به همان نشانی کاغذ، به اتاق رفته، جعبه را باز کرده، یک عکس و چند دانه کاغذ به‌زبان فرانسه پیدا کردم. کاغذها را نتوانستم بخوانم، لیکن عکس را برداشته، آمدم به منزل.

بلافاصله پیش پدرشوهرم رفته، شکایت را شروع نمودم و عکس را هم به او دادم.

خیلی خندید و به من گفت: «این‌ها به‌واسطهٔ غرض مغرضین است. شما گوش نکنید. فرضاً عکس در جعبهٔ او بود، چه ربطی به استقلال شخص شما دارد؟»

گریه را شروع کرده، گفتم: «شب‌ها و روزها، هیچ در منزل ننشسته و تمام را با پسر ماژور، به تئاتر و گردش هستند.»

باز خندید و گفت: «به این حرارتی که شما قصه می‌کنید، گمان نمی‌کنم پسر من تقصیر بزرگی کرده باشد. درحالی‌که گردش و تفرّج برای جوان‌ها عیب نیست، و مرد نباید مانند زنان در خانه بنشیند.»

من با یک غرور فوق‌العاده برخاسته، در دل خود، صدهزار نفرین به خود کردم که چرا شکایت خود را به کسی می‌کنم که هیچ نمی‌فهمد درد من چه، زحمت من کدام است؟

به منزل آمده، در کمال دلتنگی، روی زمین افتاده، شروع به بی‌قراری

و ناله نمودم.
به مادرم شکایت کردم. او هم جواب‌های پَرت خارج از موضوع به من داد.
من هم مجبور به سکوت شده، نفس نمی‌کشیدم و تمام شبانه‌روز و ساعات عمر را تنها و در زحمت بودم.
در بیست و چهار ساعت، شوهر من دو ساعت به خانه می‌آمد و آن دو ساعت هم دل‌درد داشت.
نفرت فوق تصوری نسبت به او در من تولید شد و تمام این زندگانی را سراسر غیرِقابلِ تحمل و خسته‌کننده می‌دیدم.
بعد خواستم خودِم را مشغول کنم: روزها و شب‌ها که تنها بودم، لباس‌های فاخر اعلا، اُرسی‌های قشنگ، بعضی جواهرات کوچک که به‌نظر خودم حقیر می‌آمد، آورده، و لاتار می‌گذاشتم. به‌اسم هر کنیزی که بیرون می‌آمد، به او می‌دادم.
در این خانه، تنها دلخوشی من به دایهٔ خودم بود که مرا مشغول می‌کرد. گاهی قصه می‌گفت، گاهی حکایت می‌کرد. و از سوءِبدبختی، مادرم با این دایه میل چندانی نداشت و عدم مهر مرا به خودش، از تحریکات دایه تصور می‌کرد؛ در حالتی که از بچّگی و نافهمی طفولیّت بود. بالاخره، به هزار تحریکات خارجی، ما را مجبور کردند که او را از منزل خارج کنم.
این تنها دلخوشی هم از من سلب شد و راه نفسم بُریده، در یک بحر ناامیدی و حیرانی دچار و غرق بودم، طوری‌که چیزی بهتر و شیرین‌تر از مرگ نمی‌شناختم.
بالاخره، غرور جوانی و نافهمی طفولیّت و این تحقیری که از طرف شوهرم می‌دیدم، مرا متمایل به‌طرف این جوان نمود و مرور زمان هم به این کار کمک و همراهی کرد.
بالاخره، به او گفتم که: «تو را دوست می‌دارم.» و کم‌کم، محبّت او در من رو به ازدیاد گذاشته و تمام دردها و اندوه‌های مرا برطرف

نمود.
دلِ شکستهٔ پژمردهٔ من به بهار عشق و جوانی، طراوت تازه یافته و غم و غصّه به‌کلّی از من روی تافته. به‌همین دیدن او و شنیدن کلمهٔ محبّت‌آمیزی، چنان غرق سعادت و مسرت بودم که دنیا و هرچه در او بود فراموش کرده بودم.
صبح‌ها که از خواب برمی‌خاستم، به امید دیدار عصر، روزم با کمال آزادی و خوشی می‌گذشت.
عصرها که حسب‌الرسم، به‌قدر ده دقیقه او مرا ملاقات می‌کرد، خوشبخت‌ترین مردم بودم.
و در تنهایی هم به‌خیال این‌که او آمد، دستمال خودش یا کاغذی یا عکسی را به من داد، مغرور بودم. و اشیائی که از او داشتم، از خود جدا نمی‌کردم و همیشه آن اشیاء را جاندار تصور کرده، مخاطب قرار می‌دادم.
دیگر شکایتی از شوهر نداشتم و ابداً از نبودنش دلتنگ نبودم؛ بلکه برعکس، اگر برحسب اتفاق ساعتی می‌آمد، خیلی مایل بودم زودتر برود. زیرا احتیاج داشتم تنها باشم و به کسی که عشق دارم فکر کنم.
دیدم از تمام عالم، هیچ نمی‌خواهم جز او. و به هیچ‌چیز تسلی پیدا نمی‌کنم، جز دیدار او.
این مرهمی که موسوم به عشق است، مثل برفی می‌مانَد که قطعهٔ کوچکی از قلّهٔ کوه جدا بشود. هرچه رو به سقوط بگذارد، زیادتر می‌شود؛ تا این‌که این ذرّه وقتی به زمین رسید، به‌همین بزرگی شده و قابلِ فیضِ جماعتی می‌شود. در اول، این مرض به‌فاصله‌های کم و دور، انسان را می‌گیرد؛ ولی در اواسط، خیلی به‌سرعت و پشتِ سرِ هم می‌آید.
دو سه ماهی به‌همین قِسم گذشت.
چیزی را که اسباب سعادت می‌دانستم و در اول، مسرورانه استقبال

می‌کردم، بدبختی عظیمی دیده و به‌قدری خود را در سرپنجهٔ عشق مقهور و ذلیل دیدم که مرگ را سهل‌تر از نفس کشیدن و زندگانی کردن می‌دیدم. سراپای وجودم آتش گرفته، می‌سوخت. تمام بدنم اتصالاً در یک لرز عصبانی، محصور؛ به‌کلّی از خواب بازمانده، جز گریه علاجی نداشتم.

بالاخره جرأت کرده، پس از سه ماه، کاغذی به او نوشتم. شرح حال و روزگار خود را در او درج کرده، فردا که به ملاقات آمد، کاغذ را به او دادم.

اغلب این ملاقات‌ها در حضور شوهرم بود و هیچ‌وقت در این دو سه ماه، دقیقه‌ای یکدیگر را تنها ملاقات نکرده، بلکه خودمان هم طالب ملاقات بدون ثالث نبودیم.

برحسب اتفاق، آن روز فرصت پیدا کردم این کاغذ را به او بدهم. باب بدبختی را به‌روی خود گشودیم.

این بدبخت، به‌واسطهٔ اعتماد و یگانگی که با دوست خودش داشت و در واقع این عشق را از او مخفی می‌پنداشت، کاغذ را بلافاصله و مستقیم به او ارائه داده، آتش حسرت و غیرتی در کانون سینهٔ او مشتعل می‌سازد. و این بیچاره هم تمام را بدون کم و زیاد، به‌طور راپُرت به پدرشوهر من گفته، او را منقلب می‌سازد.

از طرف پدرشوهرم تأکید شدیدی شد که این قوم عزیز من، مرا ملاقات نکند و به‌کلّی از من دور و جدایش ساختند.

دو سه روزی گذشت. من او را ندیدم و هیچ وسیله‌ای هم برای فهم این کار نداشتم.

بالاخره، روزی در منزل یکی از همشیره‌های خود، او را ملاقات کردم.

شرحِ حال به من گفت و قرار گذاشتیم نوشته‌جات ما به یکدیگر برسَد و از حال هم مطلع باشیم.

در این انقلابات، شوهر عزیزم هم به حال خودم دچار شد: محبوب

عزیزشِ به‌طرف روسیه مسافرت کرد. ما هم به شمیران رفتیم و مجبوراً هر دو با دلی غرق خون، همیشه باهم بودیم. نه او و نه من، ابداً اظهار درد و اَلَمی نکرده، خودی به آن راه نمی‌زدیم.

من خیلی زود عادت کردم که صبور باشم و ابداً کاری نکنم که این حرف را اثبات کنم، بلکه اگر ملاقاتی هم دست می‌داد و اتفاق ما را در یک‌جا جمع می‌کرد، من کناره کرده، عشق خودم را هم در پهلوی دردهای علاج‌ناپذیر گذاشته، در قلب مخفی و مستور می‌نمودم. لیکن هیچ دقیقه‌ای نمی‌گذشت که هزارها آهِ پی‌درپی نکشیده، چندین بار قلب خود را لرزان ندیده باشم. و بالمَرّه، از اجتماع و مردم گریزان بوده، گوشهٔ تنهایی را به تمام تفرّجات ترجیح می‌دادم و به درد عشق مأنوس شده، از زحمت لذت می‌بردم و هیچ درصدد تخفیف هم برنمی‌آمدم؛ چون اشتغال خوبی بود و مرا قانع کرده بود از بسا چیزهای بزرگ.

در مذهب ما خوش نَبُوَد عقل‌پرستی
مجنون شدن و جامه‌دریدن مَزه دارد
بر مسندِ عزّت، همه‌کس تکیه توان کرد
قانع شدن و رنج‌کشیدن مَزه دارد
مُشتاق! ازین بیش چه در سوز و گدازی؟
از حوزهٔ این خلق بُریدن مَزه دارد.

به‌تدریج در هیجان و جنون جوانی خود تخفیف کلّی دیده و تعبّدی می‌رفتم که او را فراموش کنم.

روزها می‌گذشت و من بدون هیچ تازه‌ای، به یک پُروگرام زندگی می‌کردم.

تا این‌که پس از یک سال، طبیعت و خدا در مقابل ناامیدی‌هایم، دخترک مَلوس قشنگی به من داد. از ساعت تولّدش، من فوق‌العاده

او را دوست می‌داشتم؛ بلکه تمام ساعات شبانه، به او مشغول بودم. عشق پاک حقیقی ضمیر این طفل به‌کلّی اندوه مرا زایل نموده، خوش و مسرورم ساخته بود. جز طفلم هیچ‌کس را، حتی خودم را، دوست نمی‌داشتم.

شوهر بیچاره‌ام هم پس از مأیوسی از کتی، یک بُز قرمز خریده، کالسکهٔ کوچکی ابتیاع کرده، صبح تا شام، بُزِ بدبخت را به کالسکه بسته، شلاق می‌زد و در گرما و سرما، دور حیاط می‌دوید.

من هم او را به‌حال خودش گذاشته، به طفل عزیزم مشغول بودم.

در این ایّام، صحبت مسافرت برادرم به فرنگستان بود و مشغول مذاکرهٔ استقراض بودند.

خیلی به‌سرعت، تمام پول مملکت و ذخیره‌های پدر را، از پول و جواهر، برادرم به مصرف رساند. در مدت یک‌سال، تمام نوکرها و اجزاءِ لاتِ او دارای پارک و عمارت و پول‌های گزاف شده بودند. و این بدبخت مال ملّت بیچاره را در میان ده دوازده نفر تقسیم کرده بود.

بالاخره، به اقدامات مُجّدانه، بی‌غرضانه و صمیمانهٔ اتابک اعظم، وجهِ گزافی از خارجه قرض، و مسافرت فرنگ تهیه شد.

و در این‌جا، این اتابک اعظم و شخص اول مملکت ایران‌پرستی و صداقت خود را به درجهٔ اَکمَل به‌مورد بروز و ظهور گذاشت: مبلغ گزافی خود از این استقراض فایده بُرده، مابقی را هم سایرین نوشِ‌جان کردند!

از این مسافرت، قصه‌های عجیب نقل می‌کنند. از آن جمله: خرید درخت‌های قوی‌هیکل است که به‌مبالغ زیاد ابتیاع کرده و بازحمت فوق‌العاده و کرایهٔ زیاد می‌فرستد و تمام، به سرحد نرسیده، خشک می‌شوند. و باز لوله‌های آهنی است، مجسمه‌های بزرگ، اسباب‌های بی‌ربط که تمام در فرح‌آباد، امروز، عاطل و باطل افتاده است. مخارج گزافی برای یاری و عمل‌کردن حسام‌السلطنه و صدیق‌الدوله

و هرزگی‌ها و مخارج گزافِ سویت.

بالاخره، پس از این‌که میلیون‌ها به مصرف رسید، به‌طور خیلی احمقانه مراجعت کردند. و از تمام این مسافرت، حاصل و نتیجه‌ای که برای ایرانیان به‌دست آمد، مبالغ گزافی قرض بود، بدون این‌که در عوض، یک قبضه تفنگ یا یک دانه فشنگ برای استقلال و نگاهداری این بیچاره ملّت آورده باشد، یا یک کارخانه یا یک اسباب مفیدی برای ترقی و تسهیل زراعت یا فلاحت یا سایر چیزهای دیگر.

پس از این مسافرت، اتابک معزول و امین‌الدوله صدراعظم شد.

بعد از چند ماه، یکی از دخترهای برادرم را هم برای یگانه‌پسرش عروسی کرد. لیکن چندی نگذشت که مطرود و معزول، و به لشت‌نشا تبعید شد. عین‌الدوله صدراعظم شد.

صدراعظمی و وزارت در دورهٔ سلطنت برادر عزیز من، خیلی شبیه تعزیه شده بود که دقیقه به دقیقه، تعزیه‌خوان رفته، لباس عوض کرده، برمی‌گردد. هیچ مطمئن نبود کسی از صدارت یا وزارت یا حکومت. این برادر عزیز من به‌حرف یک بچهٔ دوساله، صدراعظمی را فوری معزول، و به‌حرف یک مقلدی، وزیری را سرنگون می‌کرد. از جمله قوام‌الدولهٔ بدبخت را وارونه سوار الاغ کرده، از شهر به شمیران بُردند؛ برای این‌که اتابک با او بد بود و میل داشت او را از وزارت مالیه معزول کند.

وزیر مالیه که وارونه سوار خر بشود و از شهر به شمیران برود، خوب مقیاسی است برای وضع اُمورات و فهم ترتیبات دربار پُر از هرج و مرج و بی‌قانونی.

هرکس مسخره بود، بیش‌تر طرف توجه بود؛ هرکس رذل‌تر بود، بیش‌تر مورد التفات بود. تمام امور مملکتی در دست یک مشت اراذل و اوباش هرزهٔ رذل. مال مردم، جان مردم، ناموس مردم، تمام در معرض خطر و تلف. تمام اشخاص بزرگ عالی عاقل، خانه‌نشین؛

تمام مردم مُفسدِ بی‌سوادِ نانجیب، مصدر کارهای عمدهٔ بزرگ.

از آن‌جا که همیشه جزء تابع کُل است، این اثرات شوم در مردم هم اثر کرده، تمام ساعات شبانه‌روز را به فِسق و فجور، قمار و حرکات ناشایست، عُمر می‌گذراندند. کلاه‌برداری، دزدی و مالِ مردم‌خوری رواج داشت. تمام مردمان باحسِ وطن‌دوستِ مآل‌بین در خانه‌های خود نشسته، شبانه‌روز را به‌حسرت می‌گذراندند. تمام پسرهای خود را حاکم ولایات نموده، جان و مال مردم را به‌دست این مُستبدین خونخوار داده بود.

درحقیقت، برای این ملّت بیچاره، این سلطان چاه عمیقی بود که انتها نداشت و تمام پول ایران، سهل است، طلاهای روی کرهٔ زمین را اگر در او می‌ریختند، پُر نمی‌شد.

ما در این‌جا، یک خانوادهٔ کوچکی را قیاس گرفته، از این‌رو به مملکتی می‌رسیم. اگر رئیس یک خانه، هرچه دارد تلف کند و به اولاد و اتباع خود هم اجازهٔ اخذ بدهد و تمام ساعات عمرش را صرف لهو و لعب کند، کم‌کم این بی‌قیدی به گوش همسایه رسیده، او هم فرصت کرده، به این لاأُبالی به‌طور خصوصیّت قرض می‌دهد. و کم‌کم سمّ مهلک استقراضی را به حلق او می‌چکاند. بالاخره، خانهٔ او را گِرو می‌گیرد. پس از آن، به داخلهٔ آن خانه دخالت می‌کند. پس از آن، چنان مُسلط می‌شود که این لاأُبالی بدون میل و رضای همسایه، هیچ حرکتی نمی‌تواند بکند. بالاخره، خودش معدوم و خانواده‌اش دچار مسکنت و بدبختی ابدی می‌شود.

به‌همین قِسم، این برادر عزیز من چون برای ایران و ایرانیان تهیه دید و به یک سرعت فوق تصوری خرابی ایران را کمر بست، هر روز با تیشه ریشهٔ این ملت بیچاره را درآورده و به انواع و اقسام، بدبختی را از مجراهای غلط به داخل مملکت نفوذ می‌داد.

دوباره قصهٔ استقراض پیش آمد و برای مسافرت دوم فرنگ تهیه دیده می‌شد.

این استقراض هم تمام شد و مجدداً مسافرت کرد.
از این سفر، تنها چیزی که مفید بود، تنها چند قِسم اسلحه بود که به پیشنهاد ممتازالسلطنه، سفیر مقیم در پاریس، ابتیاع شد و یک سفرنامه که از قلم معظم خود این برادر عزیز بود. یکی از جمله‌های او این است:

امروز که روز پنج‌شنبه بود، صبح رفتیم آب خوردیم. پس از آن، آمده، قدری گردش کردیم. چون یک‌قدری از آب ما باقی بود، دوباره رفته، خوردیم. پس از آن آمده، در یک قهوه‌خانه نشسته، چایی خوردیم. بعد از آن، پیاده به منزل آمدیم. فخرالمُلک و وزیر دربار آن‌جا بودند. قدری گوش فخرالمُلک را کشیده، سربه‌سر وزیر دربار گذاشتیم. پس از آن، وزیر دربار تلگرافی به ما داد که در او، تفصیل عمل‌کردن بواسیر آقای صدیق‌الدوله بود. خیلی خوشحال شدیم. ناهار کرده، استراحت کردیم. چون شبِ جمعه بود، آسیدحسین روضه خواند. گریه کردیم. نمازِ اذازلزله خوانده، خوابیدیم.

ما می‌توانیم ازین شخص مآل‌بین دوراندیش به‌واسطهٔ اسلحه تشکر کنیم، زیرا امروز تمام استقلال و آسایش راه و طرق و ادارهٔ معظم ژاندارمری به‌واسطهٔ داشتن این اسلحه است. لیکن از این کتاب تشکری نداریم، زیرا که یادگار ملامت‌خیز ملّت را منتقل می‌کند که سیزده سال، اسیر چنین شخصی بودیم که مدرک و قوهٔ مغزی عقل او این بوده است!

اقوام من به آزادی قلم من ایراد خواهند کرد، ولی من صرف‌نظر از این‌که از این سلسله و نژاد هستم، ایرانیّت و وجدان خود را هادی و راهنمای خود قرار داده و بی‌پروا، تمام تاریخ خانوادهٔ خود را

می‌نویسم.
ای وطن! آیا می‌شود به‌واسطهٔ مسائل شخصی، از حقوق تو صرفِ‌نظر کرد؟ نه، نه! عشق تو در دل من چنان نقش است که معایب مغرضین و مخرّبین تو در این صفحه.

آن که می‌پرسد زمن، آن ماه را منزل کجاست؟
منزلِ او در دل است، اما ندانم دل کجاست.

قبل ازین مسافرت فرنگ، پدرشوهر مرا به پیشکاری آذربایجان و ولیعهد فرستادند. مرا هم همراه خود بردند. لیکن قبل از مسافرت، اتفاق مضحکی افتاد. و آن این بود:
دو ماه پس از عروسی من، پدرشوهرم اظهار کرد که: «فلانی! حقوق خودت را به من واگذار کن. من برای تو نگاه‌داشته، هروقت بخواهی، به تو رد خواهم کرد.»
من هم قبول کرده، به‌خیال خود، خواستم اندوخته داشته باشم.
دو سه سال، حقوق من به او واگذار بود.
روزی که می‌خواهم به‌طرف آذربایجان حرکت کنم، سیّدابراهیم، تاجر حریرفروش، که درین دو سه سال لباس به ما داده است، آمده، اظهار کرد که: «دوهزار و هشت‌صد تومان پول باید به من بدهید، واِلا نمی‌گذارم حرکت کنید!»
من برای پدرشوهرم پیغام فرستادم که: «این سیّد چه می‌گوید؟ مگر مخارج من با خود من است؟»
پیغام فرستاده بود: «من دختر سلطان گرفته‌ام که مخارجش با خودش باشد.»
جواب فرستادم: «حق است؛ در صورتی که حقوق مرا که نُه‌هزار تومان است و در پیش شماست، به من ردکنید، من هم پول سیّد را می‌دهم.»

پیغام فرستاده بود: «پولی پیش من نیست.»
من به مادرم شکایت کرده، گفتم قصه ازین قرار است.
ایشان هم پس از مذاکره، مأیوس شدند و معلوم شد پول ما را میل دارند نگاه دارند.
قرض سیّد را مادرم قبول کرد و من هم حقوق خود را به او واگذار نمودم.
نظر به همین مسأله و هزار زحمت‌های خانوادگی، من به این مسافرت راضی نبودم. لیکن مادرم مجبور کرد بروم و پدربزرگ مرا هم به حکومت اُرومی به‌همراه بردند.
در راه، خیلی بد و سخت گذشت. تمام با یکدیگر ضد و معاند بودند. و منِ بیچاره، غریب و دلتنگ، در میانِ یک جماعتی افتاده، راه نفسم به‌کلّی مقطوع شده بود. یک پسرم مُرده بود. دو دختر داشتم. تمام دل‌خوشی و مسرت من این دو طفل بودند.
پس از یک ماه، به آذربایجان رسیده، از زحمت راه و دیدن چهره‌های مزوّر خلاص شدیم.
منزل من جدا و از منزل پدرشوهرم، که امیرنظام شده بود، خیلی دور بود.
از طرف ولیعهد و ملکه جهان، به من خیلی احترام و مهربانی شد. لیکن انقلابات داخل مرا از تفریحات خارجی دور کرده، خیلی محزون و دلتنگ بودم و اغلب را تنها زندگی می‌کردم.
شوهرم رئیس قشون آذربایجان شده بود و خیلی باید از این شغل جدید استفاده می‌کرد. لیکن عشق غریبی به جمع‌آوری اسب و قاطر داشت. در ظرف مدت کمی، ده قطار قاطر برای خود از دَخلِ حکومتی درست کرده بود و هرچه مداخل داشت، پول کاه و جوِ قاطرها می‌شد. و دیگر این‌که از کتک‌کاری بی‌اندازه خوشش می‌آمد. هر روزه، جماعتی را کتک می‌زد و پس از آن، خلعت‌های فاخر به ایشان می‌داد. و این‌کار همه روزه، مکرر می‌شد. گاهی

این رئیس قشونِ باشأن و شوکت لباسش منحصر به یک سرداری می‌شد. آن را هم می‌بخشید و مجبوراً یکی دو روز در خانه منزل می‌کرد تا لباس جدیدی تهیه کند.
این شوهر عزیز من از عیّاشی، به ولی‌نعمت تأسی کرده بود: از جوان‌های ساده بی‌اندازه محظوظ می‌شد.
رقاصی بود تقریباً بیست‌ساله موسوم به طیهو. شوهر من عاشق، شیفته و سرگردان این رقاص بود و مبالغ گزافی برای او خرج کرد.
من هم به‌واسطهٔ پست‌فطرتی و لئامت پدرشوهرم، هیچ‌وقت از او خواهش نمی‌کردم.
شوهرم هم مشغول عیّاشی و جمع‌آوری قاطرهای خود بود.
پس، مجبور بودم جواهرات خود را بفروشم و مخارج خود را مرتب کنم. و تمام را زرگرباشی به قیمت‌های نازل می‌خرید و من هم ساکت و آرام، مشغول خرج بودم.
یک دختر ارمنی، آنّا نام، در این ولایت غریب، دوست و صدیق من بود و آن‌هم شرحش از این قرار است:
این یک دختر هجده‌ساله، خوشگل، با چشم‌های قشنگ مِشکی، خیّاط بود.
پس از یک ماه خواستم لباس بدوزم. این دختر را برای لباس دوختن من آوردند. کم‌کم با او اُنس گرفتم و او هم واقعاً صمیمانه مرا دوست می‌داشت و اغلب منزل من بود. همیشه در گوشهٔ چشم‌های سیاه درشت او قطرات اشک، مانند برلیانت، برق می‌زد و با یک آهنگ مطبوعی به من می‌گفت: «من تو را دوست می‌دارم!»
این صدا تا قعر قلب من نفوذ داشت و خیلی میل داشتم همیشه بشنوم.
در بدو امر، هروقت به اندرون ولیعهد می‌رفتم، خیلی مورد لطف و مرحمت واقع می‌شدیم. لیکن کم‌کم خوشگلی من اسباب وحشت شد و آن لطف صمیمی ملکه مبدل به یک‌نوع اضطراب مخصوصی؛

لیکن بدونِ جهت. زیرا من به‌قدری در چنگ یأس و ناامیدی دچار و در فشار زحمت و غربت بودم که دنیا را، بلکه هرچه در او بود، فراموش کرده بودم. و به‌تدریج، زنِ پدرشوهرِ من، عزیزکرده و طرف مرحمت واقع شد. درحالتی که هیچ فرقی به حال و خیال من نکرد. دقیقه‌ای هم به این مطلب فکر نکردم. ولی پس از چندی که مردم این اُنس و الفت را به نوکرهای دیگر ترجمه و تفسیر می‌کردند، موجب خندهٔ فراوانی برای من می‌شد. و از این اخبار مسرور شده، فوق‌العاده می‌خندیدم. زیرا این زن به‌قدری غیرِقابل عشق و محبّت بود که قصهٔ معاشقهٔ او اسباب تعجب و تفریح بود.

در همین ایّام، از تهران خبر رسید که برادرم به فرنگستان رفته و مادرم به صندوقدار برادرم، یعنی شاه، شوهر کرده است.

در اول، قدری دلتنگ شدم، ولی بعد بی‌کسی مادرم را به‌خاطر آورده، رفع دلتنگی از خود نمودم. لیکن یک خلجان خاطری و یک زحمت عمیقی در قلب من باقی ماند.

در همین ایّام، از مادرم کاغذی رسید که در او، سفارش کرده بود دربارهٔ دایی خودش، احمدمیرزا.

من‌هم نظر به سفارش مادرم، تفتیش کرده، فهمیدم که دایی‌جان در اردبیل تشریف دارند. مخارج فرستاده، رئیس تفنگ‌دارهای خودمان را مأمور کردم که برود به اردبیل و شاهزاده را باکمال احترام به تبریز بیاورد که در این‌جا، یک شغل محترمی از ولیعهد برای او بگیرم.

اسعدالسلطان، رئیس تفنگ‌دارها، به اردبیل رفت.

شاهزاده خودش به‌واسطهٔ کارهای شخصی نیامد. قرار شد بعد بیاید. پسرش و مادرش را روانه کرد.

پس از ورود، منزلی تهیه کرده، باکمال احترام از ایشان پذیرایی کردیم و پسر او را به شوهرم سپردم.

ازقضا، پسر این شاهزاده یکی از آن خوشگل‌های نُمرهٔ اول است.

نه در تبریز، بلکه در تهران هم چنین صورت مطبوع دلکشی من ندیده‌ام.
پس از چندی، شوهر عزیز دلباز من، مقتول و مجنون این جوان شد و هرچه داشت و به‌جبر و تعدّی از مردم می‌گرفت، صرف هوس‌های بی‌جا و خیالات مهمل این جوان می‌شد. و من به‌کلّی از این قضیه بی‌خبر بودم. تا این‌که پس از یکی دو ماه، این خبر شایع شد و منِ بیچاره را مسبوق کردند.
آن‌قدر توانستم که از منزل خودم خارجش کردم، لیکن نتوانستم از دل او خارجش کنم.
در تمام این شانزده ماهی که در تبریز متوقف بودم، هر ماه، مبالغ گزافی به مصرف این جوان می‌رسید و شوهرم باکمال شدّت و حدّت به او عشق داشت.
من اگر شوهرم را به‌طور عشق دوست داشتم، یقیناً خیلی در فشار و زحمت می‌بودم، لیکن چون او را فقط به‌طور احترام و شوهری دوست می‌داشتم، چندان پاپی افعال و اعمال او نبوده، کاری به کارش نداشتم.
تمام این مدّت در تبریز، کِسِل و گرفتار بودم. یک پسری هم خدا در این‌جا عنایت فرمود و مرا غرق مسرت نمود. خیلی این اطفال را دوست می‌داشتم. در تمام ساعات عمرم، جز آن‌ها به چیزی مشغول نبودم.
مدّتی گذشت و خبر مراجعت شاه از فرنگستان رسید.
قرار شد امیرنظام به استقبال برود و ما را هم روانهٔ تهران نماید.
من ازین مژده بی‌اندازه مسرور شدم که از دست غربت و بی‌کسی خلاص شده، به وطن خود می‌روم.
ما را به‌طرف تهران حرکت دادند.
شوهر من با پدرش نزاع کرده و همراه من به تهران آمد.
در راه، خیلی سخت گذشت؛ زیرا که مصاحب عزیز و همسفر

مطبوعِ من خبر مرگ کسی را در راه شنید که فوق‌العاده او را دوست می‌داشت. و این مصاحب من زنِ امیرنظام بود و این دوست عزیزش یکی از نوکرهای خودش بود که لَلهٔ پسرهایش بود. محبّت این زن را شوهرش نسبت به این نوکر حس کرده بوده است و او را به مأموریت فرستاده، مأمور دیگری هم برای اعدام او فرستاد. نتیجه این شد که بیچاره جوان، پس از حرکت ما، مُرد. خبرش در راه رسید و زندگانی صحرایی ما را غرق ملامت نمود.

از ورود به تهران و دیدن کسان خود، بی‌اندازه خوشوقت بودم. لیکن این خوشحالی موقّتی شد. زیرا شوهرم از قزوین به استقبال رفت و من در تهران تنها ماندم.

این مسافرت شش‌ماه طول پیدا کرد. زیرا پس از رفتن او، از راه رشت به استقبال، پدرش او را دوباره با خود به آذربایجان بُرد. پس از چندی فرستاد که دوباره ما برویم. من قبول نکردم. لیکن خانوادهٔ خودش را بُرد و پس از رفتن خانواده‌اش، شوهر مرا فرستاد به تهران.

من تازه شروع کردم به یک زندگانی تقریباً آزادی که در تحت تابعیّت نباشم. و این آزادی برای من خیلی گران تمام شد؛ برای این‌که این عدم اطاعت من پدرشوهرم را متغیر کرد و یک سال تمام، مخارج به من نداد. و من بقیهٔ جواهرات خود را فروخته، اسب و کالسکه خریدم و زندگانی را سر و صورتی دادم.

شوهرم مشغول کارهای خودش بود: اسب بخرد، قاطر نگاه دارد، گاو و گوسفند رَمه درست کند، خروس اَخته کرده، بوقلمون تربیت کند.

و من هم مشغول پرستاری اطفال و زندگانی بودم.

در اینِ ایّام، میل کردم تار مشق کنم. میرزاعبدالله که پیرمرد و تقریباً جُزوِ اَموات بود، برای معلمی انتخاب شد.

خیلی زود، بهتر از معلم خودم ساز می‌زدم. و این یک اشتغال

مُفرّحی بود.

دربار تقریباً عوض شده بود. خیلی تغییر و تبدیل پیدا کرده بود.

پس از مراجعت شاه از فرنگستان، امورات خیلی درهم و برهم و بی‌پولی فوق‌العاده اسباب زحمت شده بود.

یک‌دسته از اهالی دربار هم برضد اتابک، آنتریک می‌کردند که او را معزول نمایند.

مملکت ایران در این موقع، صفحهٔ شطرنج شده بود. و این حریفان، باکمال جدّیت، مشغول مبارزه بودند و هرکدام هرچه می‌توانستند، می‌کردند. جیب‌ها و بغل‌های خود را مملو از طلا نموده و رعایا را درکمال سختی فشرده و مملکت را دچار یک نوع خرابی غیرقابل آبادی می‌نمودند.

در این وقتی که هرکس به فکر خود بود و به‌هر قِسمی بود مملکت را قطعه قطعه ویران می‌نمودند، برادر تاجدار من هم مشغول کار خودش بود و شبانه‌روز خودش را صرف حرکات بیهوده می‌نمود. در یک خواب غفلتِ عمیقی غرق بود. ازجمله، یک گردی از فرنگستان با خود آورده بود که به‌قدرِ بالِ مگسی اگر در بدن یا رختخواب کسی می‌ریختند، تا صبح نمی‌خوابید و مجبور بود به‌طور اتصال بدن خودش را بخاراند. دو مَن از این گرد را آورده، اتصال در رختخوابِ عملهٔ خلوت می‌ریخت. آن‌ها به حرکت آمده، حرکات مضحک می‌کردند و او می‌خندید.

خیلی این مسافرت اروپای برادر من شبیهِ مسافرت پطرِ کبیر است. همان نتایجی که او بُرد، این برعکس بُرد. مثلاً از این مسافرت چیزهایی که سوغات آورده بود، درخت‌های عظیم‌الجثهٔ بزرگ و لوله‌های آهن فراوان. مبالغ گزافی پول آن‌ها داده شد. لکن درخت‌ها پس از چندین هزار تومان مخارج، خشک شد و لوله‌های آهن در فرح‌آباد، کناری ریخته و به‌درد نمی‌خورد.

چیزی که نتیجهٔ این مسأله شد، مبلغی بر آلودگی ایران افزود. از این

قبیل خریدها خیلی شده بود. و البته اگر به تاریخ مخصوص زمان این سلطان رجوع شود، در آن‌جا مفصّل درج است.
نظیرِ همین حرکت برادرم، قصه‌ای از شوهرم به‌خاطرم آمد که برای شماَ، معلم من، می‌نویسم که ببینند من چه انسان بدبختی بوده‌ام و با چه اشخاصی همعصر و معاصر واقع شده‌ام تا رقّت کنید و دل‌تان به حالم بسوزد، بلکه خواهش می‌کنم بدبختی مرا تصدیق کنید.
شوهر من عشق غریبی به نگاهداری اسب‌های خوب داشت و همیشه چندین کمند، که هر کمندی هفت اسب است، در طویله موجود داشت.
روزی باکمال پریشانی خیال وارد منزل شد و گفت: «خانم! این قِسم نخواهد ماند. باید من این اسب را داشته باشم.»
من چون از موضوع مسبوق نبودم، سؤال کردم: «چه گفتید؟ و از کدام اسب حرف زدید؟»
گفت: «علاءالدوله یک اسب کَهَرِ پیشانی‌سفیدی دارد که در زمان ناصرالدین شاه، در اسب‌دوانی سال هزار و سیصد و هشت، بیرق اول را برده است. و این ممکن نیست چنین اسبی در تهران باشد و در طویلهٔ من نباشد.»
سؤال کردم: «هیچ از قیمت تفتیش کرده‌اید؟»
گفت: «آری. من به پانصد تومان راضی شده‌ام که یک ساعت و زنجیر ساعت طلا هم به امیرآخورش بدهم. راضی نمی‌شود. می‌گوید: هفت‌صد تومان کمتر نمی‌دهم.»
من او را ملامت کرده، نصیحت نمودم که: «این اسب ده سال دارد. پیر است. دیگر این‌که حالیه که اسب‌دوانی موجود نیست. می‌خواهید چه کنید؟» و مخصوصاً از او خواهش کردم نخرد.
دو سه روزی، محض خواهش من اطاعت کرد؛ ولی پس از آن ابتیاع نمود.
یکی دو مرتبه سوار شد. اسب ناخوش شد.

یک ماه پس از خرید، من به شمیران رفته بودم. عصری که برای تفرّج به صحرا رفتم، در وسط تخته‌یونجهٔ سبز خرّمی، اسب مفلوک کثیفی را دیدم بسته‌اند.

سؤال کردم: «این یابوی بدبخت مال کیست؟»

ناظر من گفت: «این کَهَرِ علاءالدوله‌ای است.»

فردا، درویشی را خواسته و پنج تومان دستی به درویش دادند. درویش اسب را بُرد.

از این مسافرت شاه، قصه‌های قشنگی شیوع پیدا کرد. از جمله، امیربهادر که رئیس کشیک‌خانه و جُزوِ سوئیتِ شاه بوده، در مهمان‌خانه، روزی در لگن، در زیر تخت، رَنگ و حنا درست کرده، به ریش و سبیل خود می‌بندد. و همین قِسم، شب را با رنگ و حنا می‌خوابد و تمام ملافهٔ رختخواب را آلوده می‌کند. صبح برخاسته می‌رود در یکی از حوض‌های بزرگ، بنای شُست‌وشو را می‌گذارد. به‌محض این‌که از عمل فارغ می‌شود، فوراً مستحفظین آن‌جا جمع شده، حوض را خالی کرده، دوباره آب می‌اندازند. قهوه‌چی شخصی داشته است. قلیان می‌کشیده است. تُرشی سیر همراه خودش برده بوده است، در سر میزهای رسمی می‌خورده است. و در مهمان‌خانه که می‌رفته است، ناچار، تمام آن اتاق‌های جنب اتاق شخصی او را دود داده بودند.

سایرِ سوئیت هم همین قِسم‌ها مفتضح، لیکن قدری کمتر.

درهر حال، ایرانی‌ها دارای اخلاق خوبی نیستند و همیشه و به کلّی در تحت بربریّت و وحشیگری زندگانی می‌کنند. آن‌ها هم ده‌برابر در نظر اروپایی‌ها جلوه کردند و یک یادگار عمیق تاریک در قلب‌ها گذاشتند.

سعدی می‌گوید:

سه کس را شنیدم که غیبت رواست

چو زان در گذشتی، چهارم خطاست
یکی پادشاه ملامت‌پسند
کزو بر دلِ خلق بینی گزند
حلال استَ ازو نقل کردن خبر
که تا خلق باشند ازو درحذر
دوم، پرده بر بی‌حیائی مَتَن
که او می‌درد پردهٔ خویشتن
سوم، کج‌ترازویِ ناراست‌خو
ز فعل بدش هرچه خواهی بگو.

در این انقلابات و اختلافات خارجی، زندگانی من در یک سکوتی می گذشت.

تابستان رسید و به ییلاق رفتیم.

قبل از ییلاق، وحشت کوچکی در میان مردم از فوت امام‌جمعه، شوهرخواهر من، بود که می گفتند: «به مرض وبا فوت کرده است.» لیکن یکی از صدنفر این حرف را قبول نمی کرد و به خود تسلّی و دل‌خوشی داده، باور نمی کردند.

یکی دونفر هم به همین قِسم‌ها مُردند؛ لیکن باز کسی درست از این مرض مظنون نبود.

تا این‌که در تابستان، فوق‌العاده شدّت کرد و واضح شد. روزی، متجاوز از هشتاد نفر، صد نفر تلف می‌شدند.

تا یکی دو ماه از تابستان گذشته، من‌هم نمی‌دانستم؛ زیرا به‌کلّی قدغن کرده بودند در اطراف صاحبقرانیه این مذاکره نشود، برای این‌که شاه نترسد.

پس از این‌که خیلی شدّت کرد، مسبوق شدیم.

من خیلی بی‌تابی می کردم؛ اما نه برای خودم. چون من از بدو طفولیّت تا حال، هیچ‌وقت از مرگ نترسیده‌ام، بلکه برای کسان و

بچه‌هایم در تشویش بودم.

طبیبِ فامیل خود را خواستم و از او سؤال کردم: «کجا برویم که این مرض در آن‌جا نباشد؟»

او گفت: «هیچ از منزل خارج نشوید و در همین مکان باشید و خیلی حفظ‌الصحّه کرده، در آب و غذا دقت کنید.»

پس از این‌که طبیب رفت، ما زن و شوهر از شدّت وحشت نتوانستیم در منزل بمانیم. قرار دادیم به پشت‌کوه برویم. غافل از این‌که گرما و حرکت خودش بیش‌تر تولید مرض می‌کند.

یک قافلهٔ عظیمی تشکیل داده، از شمیران حرکت کردیم. عدهٔ همراهانِ زن و مرد و بچه، هشتاد و شش نفر بود.

منزل اول و دویم خیلی خوش گذشت؛ ولی پس از آن، اتصال در راه مریض می‌دیدیم، مُرده می‌دیدیم. اغلبِ مریض‌ها را زنده زنده از ده بیرون انداخته بودند و این بیچاره‌ها، در آفتاب سوزان، با این مرض، مشغول جان دادن بودند.

معلم من که در طفولیّت مرا درس داده بود، حالیه معلم اطفالم بود و همراه بود. هرچه این بدبخت اصرار کرد ما مراجعت کنیم، قبول نکردیم. و به هر منزلی که می‌رفتیم، این مرض مانند شعلهٔ آتش در آن‌جا احاطه داشت.

تا این‌که یک روز صبح که از خواب بیدار شدم، دیدم تمام همراهان من فرار کرده‌اند. خودم و شوهرم و زن‌ها و بچه‌ها مانده‌ایم. زن‌ها هم سر به بیابان گذاشته، می‌دوند.

پس از تفتیش، معلوم شد در کنار رودخانه که ما منزل کرده‌ایم، مُرده‌ها را آورده، می‌شویند و دفن می‌کنند.

تقریباً از یک ده مَحقر خیلی کوچک، در یک شب، یازده نفر مُرده آورده‌اند. و این‌ها تمام را دیده، ترسیده، فرار کرده‌اند.

به یک زحمت فوق‌العاده‌ای، تمام اجزاء را جمع کرده، قرار دادیم مراجعت کنیم. فوری حرکت کردیم.

در منزلی که امشب باید بمانیم، یکی از نوکرهای ما مبتلا به این مرض شد و خیلی به‌سرعت مُرد. به‌قدری سریع جان داد که دکتری که همراه ما بود، فرصت دادن دوا به این جوان بیچاره نکرد.

صبح که بیدار شدیم، صحرا را غرق در سکوت دیدیم. ابداً صدایی مسموع نبود، جُز یک نالهٔ خیلی مؤثر محزونی که مادر بدبخت این جوان می‌نمود.

رنگ به صورت یک‌نفر نمانده بود. تمام غرق وحشت و ناامیدی مطلق بودند. و این جوان بدبخت را هم کنار یک نهر بزرگی، در چادر خوابانده‌اند.

من خیلی وحشت کردم، لیکن دیدم اگر ذرّه‌ای اظهار تألم کنم، تمام همراهان فرار کرده، در صحرا سرگردان خواهم ماند. فوری شروع به صحبت نموده، اغلب را به‌سختی، سایرین را به‌نرمی، آرام کرده، حرکت کردیم.

معلم خود را با دو نفر نوکر برای دفن این جوان بیچاره گذاشتیم.

در تمام این ده و اطراف، پارچهٔ سفید برای کَفَنِ این بدبخت نبود. دو نفر سوار فرستاده بودیم، هرچه تفتیش می‌کردند، پیدا نمی‌کردند.

من هیچ فکر نکرده بودم همراه خود سفید بردارم، چون مرگ را هیچ نمی‌شناختم، برای این‌که خیلی بچه و جوان بودم. سایرین هم تصور کرده بودند مبادا من بترسم، این پیشنهاد را نکرده بودند.

در هر صورت، به یک زحمتی، این بیچاره را دفن کرده، مراجعت کردند.

خیلی به‌سرعت مراجعت کردیم و دوباره به باغ مسکونی خود رسیدیم.

در آن‌جا هم دو نفر از بازماندگان مُرده بودند: یکی جوان خیلی رشید قشنگ قفقازی که کالسکه‌چی شوهرم بود، و دیگری یک نفر سرباز تُرک بیچارهٔ غریب.

تمام مردم در یک وارستگی مطلقی، منتظر مرگ، زندگانی

می‌کردند.
شاه در عمارت صاحبقرانیه، با یک تزلزلِ خاطری، زیست می‌نمود. عبور و مرور در اطراف عمارت، حتی خود ده، به‌کلی ممنوع بود. هیچ‌کس اجازهٔ رفتن به‌حضور نداشت، جز چند پیشخدمت و سیّد بحرینی که از صبح تا شام، به تلاوت کُتب مقدس و دعاهای حفظ مشغول بود.
امور مملکتی به‌کلّی تعطیل. ایران همیشه قبرستان است و مردمش جزو اموات. و در این اتفاق، مردم زیادتر از سابق در سکوت و ترس زندگانی می‌کردند. تمام مردم از کوچک و بزرگ، تائب شده، از هر افعال و اعمالی که خودشان می‌دانستند بد است، موقتی کناره گرفته، صبح تا شام، شب تا صبح، به عبادت مشغول بودند.
معلم من! تو خوب به اخلاق ایرانی عادت داری و می‌دانی در موقعی که عرصه بر آن‌ها تنگ می‌شود، چه‌اندازه مهربان، درست‌کار، درست‌قول و متملّق می‌شوند. و در موقع رفاه، چه‌اندازه موذی، بدجنس و کثیف.
روزی، در نوشته‌جات امیرنظام مرحوم، کاغذی به‌خط عبّاس‌میرزا، جدّ ما، بود که به فتحعلی‌خان نوشته بود:

ما شاهزادگان در موقع لزوم و احتیاج، به‌قدری مهربان و متملق می‌شویم که از ما بهتر تصور نمی‌شود کرد. لیکن پس از رفع احتیاج، طرفِ مقابل را نشناخته، بلکه هیچ به‌خاطر نمی‌آوریم.

من خیلی از این اعتراف خندیدم؛ چون دیدم جدّ بزرگوار ما در این اعتراف صادق بوده است. لیکن پس از این قضیه، دیدم جنس ایرانی عموماً به‌همین درد مبتلاست و این امتیاز مخصوص خانوادهٔ سلطنتی نیست. منتها، آن‌ها چون طرف توجه عموم هستند، عادات و اخلاق‌شان زودتر شناخته می‌شود تا سایر مردم.

درهرحال، این تابستانِ آتش‌فشان تمام شد و چندین هزار تلفات و شهید در عقب گذاشت.

یکی دو ماه از این قضیه گذشته، دوباره هرکس به‌حال اولیهٔ خود عودت نمود، همه مشغول کارهای ماقبل خود شدند.

یک نکتهٔ بزرگی در اخلاق ایرانی هست و آن این است: خیلی زود یک مطلبی را پی کرده تا یک‌چندی، به‌منتها درجه دنبال می‌کنند در هر بابت. ولی به‌همین قِسمی که خیلی زود مُشتعل می‌شوند، به‌همین قِسم هم زود خاموش می‌شوند و فراموش می‌کنند. همه‌چیزشان سطحی و بدون نقشه و اساس حقیقی است.

من می‌توانم برای شما قَسَم بخورم که یک نفر ایرانی، از صبح تا موقع خواب، در عالم خیال، چه خدمت‌های نمایان به وطن می‌کند، چه مجاهدت‌ها در رفاه نوع تصور می‌کند، چه تجارت‌های سودمند می‌نماید، چه زمین‌های بایر ویران را آباد می‌کند، چه قنات‌های جاری قشنگی دایر می‌کند! لَیکن همان خیال است، اساس نیست.

فرنگی‌ها می‌گویند: «دو نفر می‌توانند هیچ‌وقت کار نکنند: یکی آن‌که زیاد فکر می‌کند، دیگری آن‌که هیچ فکر نمی‌کند.»

پس از این‌که فکرها بی‌نتیجه ماند، خود را به این دلخوش می‌کنیم که: «خدا بزرگ است. صاحبِ ولایت خودش کمک می‌کند!»

پس از این‌که از تمام شدن اینِ مرض مطمئن شدیم، به شهر آمدیم، ولی شهر را ویران و مردم را به‌کلّی عوض‌شده دیدیم.

اگرچه این قضیه یک تهدید و سیاست آسمانی بود، لیکن ما باز می‌توانیم بگوییم از نداشتن حفظ‌الصحّه و کثافت آب‌هاست.

هر دولتی اول‌وظیفه‌اش تنظیف کوچه‌ها، آب‌ها و آسایش مردم است. از بَلَدیه اسمی هست، لیکن مانند سایر ادارات دولتی، رسمی نیست. فقط مستحق حقوق بلاحق هستند. همیشه در تمام سال، در ایران، خصوصاً تهران، امراض مُسری تلف‌کننده بسیار است که به‌واسطهٔ عدمِ نظافت است. کوچه‌ها تمام کثیف. در زمستان، گل و

کثافت. در تابستان، گرد و خاک. آب‌ها تمام روباز و هرچه کثافت در خانه‌ها هست، در آن شُسته شده و این آب در شهر گردش کرده، مردم می‌خورند و همیشه به انواع و اقسام امراض مبتلا می‌شوند.

ای آه از آن تألمات عمیق قلبی من!

معلم من! باور کنید که در نوشتن هر کلمه، غرق اندوه و تأسف گشته، اشک بی‌اختیار از چشمم جاری می‌شود.

چگونه ممکن است انسان یک بدبختی اختیاری هم بر بدبختی اجباری خود بیفزاید؟ آیا اگر ما بخواهیم خودمان را از ذلّت خلاص کنیم، نمی‌توانیم؟ چرا! اما نمی‌کنیم.

اگر تمام اشخاصی که در تهران متوطن هستند، هرکدام فقط جلوِ خانهٔ خود را تمیز نگاه‌دارد و کوچهٔ خود را پاک نماید، یقیناً در سال، نصف تلفات کمتر است. یا این‌که روی قنات‌ها را پوشانده، لوله بکشند و هر نفری مقدار خیلی کمی بدهند، تمام سال آسوده هستند.

اگرچه اشخاصی که «کُمپانی» می‌شوند و برای کارهای خیریه از مردم پول می‌گیرند، مانند حاجی‌مَلِک و سایر کُمپانی‌های دیگر، جز حرمان و پشیمانی چیزی برای مردم باقی نمی‌گذارند، ولی ما نباید به یک تقلّب از میدان دربرویم. منتها باید گشت، شخص امینی یافت و در کار شرکت کرد و خود را از کثافت و بدبختی خلاص نمود.

اما ما مردم ایران همه، نه یک، نه صد، هزارها هزار چیز خوب را میل داریم داشته باشیم و ارتجاعی بودن در خون ما دَوَران دارد؛ لیکن راه مشروع او را نمی‌دانیم، تمام از راه غیرمشروع می‌خواهیم ترقّی کنیم و همه‌چیز داشته باشیم. این است که موفق نمی‌شویم و به مقصود اصلی خود نمی‌رسیم.

معلم من! اگر زن‌ها در این مملکت، مانند سایر ممالک، آزاد بودند و حقوق خود را مقابل داشته و می‌توانستند در امور مملکتی و

سیاسی داخل بشوند و ترقی کنند، یقیناً من راه ترقی خود را در وزیر شدن و پایمال کردن حقوق مردم و خوردن مال مسلمانان و فروختن وطن عزیز خود نمی‌دانستم؛ و یک راه صحیحی با یک نقشهٔ محکمی برای ترقی خود انتخاب می‌کردم. هیچ‌وقت با مال مردم، خانه و پارک، اثاثیه، کالسکه و اتومبیل نمی‌خریدم؛ بلکه با زحمت و خدمت به‌دست می‌آوردم.

یقیناً در این ساعت، چهره‌ات متبسّم شد و به این اظهارِ عقیدهٔ من خندیدی و گفتی: «مرد‌های مملکت ما جز این راه، راه دیگری برای ترقی پیدا نکردند. شما که یک نفر زنِ بی‌اطّلاع هستید، چگونه راه ترقی مشروع پیدا کرده‌اید؟»

آیا معلم عزیز من! عقیده آزاد نیست؟

حتماً می‌گویی: «چرا.»

پس به‌دقّت این کلمات و عباراتی را که می‌نویسم، مطالعه نمایید و آن‌وقت، اگر ایرادی دارید بگویید.

من مسلکم را نه ارتجاعی قرار می‌دادم، نه شخصی. بلکه به‌نوعی منتهای سعی را در توسعهٔ تجارت داخل ایران می‌کردم. کارخانه دایر می‌کردم، نه مانندِ کارخانهٔ صابون‌پزی ربیع‌اُف؛ کارخانجاتی که احتیاج داخل مملکت را از خارجه رفع بکند. معادن خدادادی که به‌وفور در ایران است، کار کرده، معدن نفت بختیاری که سالی مبالغ گزاف نفع می‌دهد، امتیاز گرفته، واگذار به انگلیس‌ها نکرده، اسباب تسهیل زراعت را فراهم کرده، چیزهای لازم او را تهیه کرده، راه مازندران را درست کرده، اسباب حمل ارزاق را مرتب کرده. زمین‌های بایر را مانندِ کالیفرنیا، به مردم داده و آبادی او را خواسته، قنات‌های زیادی حفر کرده، جنگل‌های دستی احداث نموده، رودخانهٔ کرج را به شهر آورده، مردم را از ذلّت و کثافت آب‌ها نجات می‌دادم. هم خود فایدهٔ عمده بُرده، بدون دزدی و وطن‌فروشی زندگانی آسوده می‌کردم، و هم مردم از این خدمت و

مجاهدت من فایده بُرده، راحت می‌شدند.

افسوس که زن‌های ایرانی از نوع انسان مجزا شده و جزوِ بهائم و وحوش هستند. صبح تا شام، در یک محبس، ناامیدانه زندگانی می‌کنند و دچار فشارهای سخت و بدبختی‌های ناگواری، عمر می‌گذرانند. درحالتی‌که از دور تماشا می‌کنند و می‌شنوند و در روزنامه‌ها می‌خوانند که زن‌های حقوق‌طلب در اروپا چه قِسم از خود دفاع کرده و حقوق خود را با چه جدّیتی می‌طلبند؛ حق انتخاب می‌خواهند؛ حق رأی در مجلس می‌خواهند؛ دخالت در امور سیاسی و مملکتی می‌خواهند؛ و به‌همین قِسم موفق شده، در آمریک، به‌کلّی حق آن‌ها اثبات شده و مجدّانه مشغول کار هستند. در لندن و پاریس، به‌همین قِسم.

معلم من! خیلی میل دارم یک مسافرتی در اروپا بکنم و این خانم‌های حقوق‌طلب را ببینم و به آن‌ها بگویم:

«وقتی شما غرقِ سعادت و شرافت، از حقوق خود دفاع می‌کنید و فاتحانه به مقصود موفق شده‌اید، یک نظری به قطعهٔ آسیا افکنده و تفحّص کنید در خانه‌هایی که دیوارهایش سه ذرع یا پنج ذرع ارتفاع دارد و تمام منفذ این خانه‌ها منحصر به یک در است که آن‌هم توسط دربان محفوظ است. در زیر یک زنجیر اسارت و یک فشار غیرقابل محکومیّت، اغلب سر و دست‌شکسته، بعضی با رنگ زرد پریده، برخی گرسنه و برهنه، قِسمی در تمام شبانه‌روز، منتظر و گریه‌کننده.»

و باز می‌گفتم:

«این‌ها هم زن هستند. این‌ها هم انسان هستند. این‌ها هم قابل همه‌نوع احترام و ستایش هستند. ببینید که زندگانی این‌ها چه قِسم می‌گذرد!»

و باز می‌گفتم:

«زندگانی زن‌های ایران از دو چیز ترکیب شده: یکی سیاه و دیگری

سفید. در موقع بیرون آمدن و گردش کردن، هیاکل موحش سیاه عزا. و در موقع مرگ، کفن‌های سفید. و من که یکی از همین زن‌های بدبخت هستم، آن کفن سفید را ترجیح به آن هیکل موحش عزا داده، و همیشه پوشش آن ملبوس را انکار دارم؛ زیرا در مقابل این زندگانی تاریک، روزِ سفیدِ ماست. و همیشه در گوشهٔ بیت‌الاحزانِ خود، خود را به همانَ روز تسلّی داده، مانند معشوقهٔ عزیزی، با سعادتِ خیلی گران‌بهائی او را تمنّا و آرزو می‌نمایم.»

در استبدادِ صغیر، باغه‌آنوف که یکی از ارامنهٔ قفقاز و جزو مجاهدین و آزادی‌خواهان ایران بود، از چندنفر خانم‌های ایرانی و یکی دو سه نفر از خانوادهٔ سلطنتی، به‌توسّط کاغذ، سؤال کرده بود. یکی هم به من نوشته بود که سوادِ او را در این‌جا برای شما می‌نویسم:

از پرنسس محترمهٔ ایرانی خواهشمندم سؤالات ذیل را جواب بدهند:

۱ـ معنی مشروطه چیست؟

۲ـ استبداد بهتر است یا مشروطه؟

۳ـ راه ترقّی ایران چیست؟

۴ـ تکلیف زن‌های ایرانی کدام است؟

من به او جواب نوشتم:

معنی مشروطه عمل کردن به شرایط آزادی و ترقی یک ملتی است، بدون غرض و خیانت.

تکلیف هر ملت ترقّی‌خواهی و استرداد حقوق اوست. حقوق خود را به‌چه قِسم می‌توانند مُسترد دارند؟ در موقعی که مملکت مشروطه و در تحت یک رِگلمان صحیحی باشد. ترقّی از چه تولید می‌شود؟ از

قانون. قانون در چه موقعی اجرا می‌شود؟ در موقعی که این استبداد برچیده شود. پس از این رو، مشروطه بهتر از استبداد است.
صرف‌نظر از غرض‌های شخصی و آنتریک‌های خانه‌خراب‌کن و جلبِ نفع، دایر کردن کارخانجات، ساختن راه‌ها، تسهیل عمل زراعت و فلاحت، حفر معادن، تصحیح بودجهٔ مملکتی، مرتب کردن امور مالیه، قطع حقوق مردمان بی‌کارِ بدونِ استحقاق، اجازهٔ بازکردن روی زن‌ها و کمک و معاونت آن‌ها بالشراکه با مردها.
و اما تکلیف زن‌های ایرانی: استرداد حقوق خود مانند زن‌های اروپایی، تربیت اطفال، کمک کردن با مردها مانند زن‌های اروپایی، پاکی و عفّت، وطن‌دوستی، خدمت به‌نوع، طردکردن تنبلی و خانه‌نشینی، برداشتن نقاب.

از من توضیح خواسته بود:

بازکردن روی زن‌ها چه ارتباطی با ترقی مملکت دارد؟

به او جواب نوشتم:

یک نفر مُزدور ایرانی روزی دوقران مزد می‌گیرد. مادرش، خواهرش، خواهرزاده‌اش، عیالش و دخترش را باید خرج بدهد. دوقران را که ما پنج قسمت بکنیم، هفت شاهی در بیست و چهار ساعت می‌شود. با این هفت شاهی، یک نفر انسان چه‌قِسم، هم بپوشد، هم بنوشد، هم اندوخته کند؟ این می‌شود که احتیاج اخلاقِ آن‌ها را خراب می‌کند. و برای تحصیل آسایش و رفاه خود، به‌هر شناعتی تن داده، به‌هر کار زشتی اقدام می‌کنند. حال اگر روی زن‌ها باز بود، البته این پنج نفر زن و بچه ناچار تحصیل کرده بودند. و پس از تحصیل، هر پنج نفر پنج خدمت قبول می‌کردند: در مغازه‌ها، در کافه‌ها، در دکان‌ها، در

مدرسه‌ها، در ادارات. و آن‌وقت، هر نفری روزی دو قران عایدی داشته، شش نفر با روزی دوازده قران عایدی، هم خوب می‌پوشید و هم خوب می‌نوشید و هم اخلاق و عادات خود را عوض نمی‌کرد و هم وجدان و شرافت و عفّت و ناموس فامیل و وطن خود را محفوظ می‌داشت و هم یک اتحاد معنوی روحانی در میان این جمع بود که از اتحاد، بسی فایده‌های بزرگ می‌شود بُرد.

و همین قِسم درجهٔ اعیان. این آقا، این امیر، یا این وزیر حقوقش منتهادرجه گزاف باشد، ماهی سیصد تومان است. درآمدِ املاک و مداخل شخصی‌اش هم که خیلی عالی باشد، در این مملَکت فقیر، ناچار بیش‌تر از ماهی هفت‌صد تومان نیست. این می‌شود ماهی هزار تومان.

این آقا عیال گرفته است زنِ اجنبی ناشناسی را. آن زن هم به یک آقا یا یک وزیر شوهر کرده است.

این آقا حرم‌خانه می‌خواهد، آقاباشی می‌خواهد، قاپوچی می‌خواهد، آبدارخانه می‌خواهد، قهوه‌خانه می‌خواهد، صندوق‌خانه می‌خواهد، کالسکه‌خانه و طویله می‌خواهد، فرّاش، نوکر، کالسکه‌چی می‌خواهد.

این خانم کُلفَت می‌خواهد، خانه‌شاگرد می‌خواهد، آوازخوان می‌خواهد، ساززن می‌خواهد، پیشخدمت می‌خواهد، لباس اطلس دوخت فرنگ می‌خواهد، سر و همسر همه‌چیز دارد، مهمانی می‌کند، شبِ خیر می‌گیرد، حمام دَه می‌گیرد، دایه می‌خواهد.

باز این آقایِ بیچاره که با زنش اَز روز اول بی‌محبّت و مغایر بوده است، چون عشق یا محبّت صمیمانه‌ای به او نداشته، فقط دختر فلان سردار یا شاه را برای پنجاه هزار تومان ارث یا ده هزار تومان جهیز گرفته است، برای فرار از این زندگانی مکروه، باغ بیرون می‌خواهد، مِترِس می‌خواهد، مَحرَم می‌خواهد، نوکر مخصوص می‌خواهد، صندوق صندوق مشروبات، بار بار مأکولات در آن باغ، موجود

می‌خواهد.

از آن‌طرف، خانم بیچاره هم که البته شوهرش را دوست ندارد، پنج شش نفر زن مشدی، حاجی، فاطمه‌سلطان می‌خواهد که صحبت کند، تنها نمانَد. گاهی هم به‌صواب‌دیدِ همان خانم‌باجی‌ها، یک مقداری گزاف پول برای پیشرفت، مصرفِ سفیدبختی و زبان‌بندی آقا، برای محلهٔ جهودها می‌خواهد.

در مواقعی که آقا دیر به منزل بیاید، خانم بی‌حوصله شده، ظرف‌ها و اثاثیهٔ منزل را هم می‌شکنند. هم دقِ‌دلی درآورده، هم در زندان خودش صدایی شنیده به‌جز صدای خانم‌باجی یا شاباجی.

با این‌همه ترتیبات و لازمات، آیا ماهی هزار تومان کفاف این آقا یا سلطنه یا دوله یا مُلک را می‌کند؟ نه. ناچار است دزدی کند، مردم را ذلیل کند، مملکت را بفروشد، وطن را خراب کند، نصف‌شب، بسته‌های اسکناس را از فلان محل قبول کند. عاقبت هم این زندگانی منتج به نتیجه نشده، با رسوایی ظاهری و لکّه‌های باطنی ممزوج شده، در بین راه می‌مانَد.

حال، اگر زن‌ها روی باز کرده باشند و مانند تمام مردمان متمدن کُرهٔ زمین، زن و شوهر همدیگر را دیده بخواهند و به‌طور عشق آن اتحاد ابدی را در حضور معبود خود ببندند و تا آخر عمر در یک استراحت معنوی روحانی زندگانی کنند، بهتر نیست؟ آیا مثل تمام اعیان و اشراف‌زاده‌های اروپا، بدون حرمسرا و کلفت و نوکر زیادی و خرج‌های زائد تعبدی زندگانی کنند، باافتخارتر نیست؟ این زن و شوهری که عشق انتخاب کرده، این دو مونس که قلب ضامن پاکی و عفّت و شرکت آن‌ها شده، آیا سزاوار تحسین و تمجید نیستند؟ چرا!

خرابی مملکت و بداخلاقی و بی‌عصمتی و عدم پیشرفت تمام کارها حجاب زن است. در ایران، همیشه عدهٔ مرد به‌واسطهٔ تلفات کم‌تر از زن است. در مملکتی که دوثلث او در خانه بی‌کار بمانند،

البته یک‌ثلث دیگرش تا می‌توانند باید اسباب آسایش و خورد و خوراک و پوشاک دوثلثِ دیگر را فراهم کنند. ناچار، به امورات مملکتی و ترقی وطن نمی‌توانند پرداخت. حال اگر این دوثلث معناً با یکدیگر مشغول کار بودند، البته مملکت دوبرابر بهتر ترقی کرده، صاحب ثروت می‌شد.

در مسافرت تبریز، در تمام طول راه و دهات، زن و مرد را با یکدیگر، بدون حجاب، مشغول کار می‌دیدم. در تمام یک ده، یک نفر بی‌کار دیده نمی‌شد.
در راه، خواستم یک مستخدم برای خود بگیرم، هیچ‌یک از این دهاقین راضی نشدند و زندگانی آزاد صحرایی خود را نفروختند. تمام این دهاقین و زارعین مردمان باشرف و افتخاری هستند. یک زن فاحشه در تمام دهات وجود ندارد؛ زیرا که زن و شوهر تا مقابل یکدیگر ثروت نداشته باشند، همدیگر را نمی‌گیرند. و پس از آن هم چون روی ایشان باز است، همدیگر را خودشان انتخاب می‌کنند. و بعد از عروسی هم، بالمُشارکه، در تمام روز و شب، باهم مشغول زراعت و رعیّتی هستند. پاسبان و نگاهبان زن شوهرش است. مصاحب و مونس شوهر زن است. هیچ‌وقت این دو روح شریف از یکدیگر غفلت نکرده، جز خود نمی‌بینند. تمام آن محبّت‌ها و صمیمیّت‌ها و سادگی زندگانی را دربارهٔ یکدیگر مصرف می‌کنند و همیشه خوشبخت و شادکام زندگانی می‌کنند و اولاد و اعقاب باشرف و افتخار از خود به‌یادگار می‌گذارند.
اخلاق دهاقین و صحرانشینان صدهزار برابر بهتر از اخلاق مردمان شهری است. و این نیست مگر از عدم احتیاج و بی‌آلایشی و اتحاد روحانی صمیمی که به‌واسطهٔ اجتماع و عدم خیالات فاسد غیرمشروع است.
هزارها مفاسد اخلاقیه از همین روی‌بستن زن‌ها در این مملکت نشر

داده شده است.

آه، معلم من! چرا شما که مرد و تحصیل‌کرده هستید و معایب و مفاسد حجاب را خوب می‌فهمید، دست زن‌ها و اقوام و عشایر خود را نمی‌گیرید و با خود بیرون نمی‌آورید؟ تا کِی شما باید حمّال و نوکر یا، به‌عبارتِ عالی‌تر، آقا و مالک این بیچاره‌ها باشید؟

آن‌چه البته به جایی نرسد، فریاد است!

یقیناً، با هزار دلیل عقلی که من ضرر حجاب را به شما ثابت کردم، باز چون ایرانی و بداخلاق هستید و همیشه منِ شما متوجه چیزهای سطحی بوده و عمیق فکر نکرده‌اید، خواهیدَ گفت: «چون فلانی خوشگل است یا از خانه‌نشینی متأذی است یا میل دارد آزاد گردش کند، این‌ها را برخلاف عقاید عامه نوشته.»

شاید در قلب خود لعن و نفرین هم بکنید و بگویید: «چه پیشنهادهای غیرمشروع به زن‌ها می کند!»

اما معلم عزیز من! به شما قول می‌دهم در چنان روزی که نوع خود را آزاد و وطن عزیزم را رو به ترقّی دیدم، خود را در آن میدان آزادی قربانی کنم و خون خود را در زیر اَقدامِ همجنسان حقوق‌طلب آزادی‌خواه خود نثار نمایم.

عجالتاً، دوباره برگردیم به تاریخ خودمان و بیش از این شما را منتظر نگذاشته، با داد و فریادهای بی‌اثر، خسته بکنم.

تو که از صورتِ حالِ دلِ من بی‌خبری
غمِ دل با تو نگویم، کِه ندانی دردم...

دو سه ماهی پس از مراجعت از شمیران، شاه عازم تشرّف به حضرت معصومه شدند.

ما هم به‌شکرانهٔ سلامت و نجات از چنین سال وحشتناکی، عازم حرکت شدیم.

یک اِمی‌بوس دوازده‌نفره گرفته، یک کاروان کوچکی تشکیل داده، رفتیم. یک کالسکه همراه داشتیم. شوهرم با یک دکتر و یک ساززن معروف با کالسکه مسافرت می‌کردند. یک دلیجان نوکرها و اجزاء، یک گاری برای اثاثیه. و در اِمی‌بوس هم خودمان.

اگرچه مسافرت داخلی ایران خالی از زحمت و وحشت نیست، لیکن در طول راه، خیلی خوش گذشت.

در خود حضرت معصومه، ده روز توقف نمودیم و بعد مراجعت کردیم.

چیز تازه در این سفر نداشتیم که برای شما بنویسم، جز زیارت و گردش. لیکن من برای زیارت و گردش کمتر بیرون می‌آمدم؛ زیرا باید از قبرستان عبور کنم. و هر روز بیرون می‌آمدم، ناچار، تعداد زیادی از اموات را که دفن می‌کردند، می‌دیدم؛ با صورت‌های مهیبِ موحش و ترکیب‌های ترسناک.

از این مسافرت، من خیلی افتاده شدم. دیدن این اموات و عاقبت انسانی مرا خیلی تأدیب کرد و از آن غرور جوانی و شرارت و خودپسندی ذاتی، مقداری مرا بازداشت.

اگرچه من‌هم مثل سایر نوع انسان فراموش‌کار بودم و این اگر چندی در من باقی بود، لکن باز نتایج عمده‌ای داشت.

هنوز که چندین سال است از آن مسافرت می‌گذرد، من در نوشتن یک نکته به‌خود لرزیدم و معاینه، عاقبت انسانی را دیدم.

بگذارید قدری هم از آن‌چه دیدم و اسباب وحشتم شد، برای شما بنویسم.

این مرده‌ها را در تابوت گذاشته، در نمدی پیچیده، و از راه‌های دور و ولایات، بار قاطر کرده، می‌آوردند. در هر منزلی که می‌خواهند قاطر استراحت کرده، جو بدهند، طناب قاطر را باز کرده و این دو تابوت یک‌مرتبه از روی قاطر به زمین می‌افتد و این مرده‌های بدبخت خُرد می‌شوند. وقتی به حضرت معصومه می‌رسند، تمام این

تابوت خُرد شده، کفن مردهٔ بدبخت پاره شده، سر و دستش شکسته. بعد می‌بَرند در حَرَم طواف داده، می‌آورند به قبرستان. به‌اندازه‌ای در قبرها مرده روی‌هم گذاشته‌اند که جای مردهٔ تازه نیست. مجبوراً، از همان قبرها باز کرده، این مردهٔ جدید را هم روی مرده‌های دیگر گذاشته، مقدار کمی خاک می‌ریزند. در موقع نبشِ قبرها، انواع و اقسام مرده‌ها بیرون می‌آیند: بعضی‌ها با گوشت متلاشی و سیاه‌شده؛ بعضی‌ها نصفِ گوشت جدا شده، نصف نزدیک به جدا شدن بوده است. یک هیکل‌های عجیب، یک صورت‌های مهیبی که خدا هر انسانی را از دیدن آن‌ها محفوظ بدارد. دست‌های قطع‌شده، پاهای جداشده، موهای پریشانِ ریخته، کفن‌های پوسیده...

آه، معلم من! باوجود این عاقبت و این نتیجه، چه آرزوهای بلندی داریم! چه زحمت‌های غیرقابلِ تحمّلی به نوع خود وارد می‌کنیم! چه فسادها و آنتریک‌ها در برچیدن سعادت یک نفر انسانی که فکر می‌کنیم خوشبخت است می‌کنیم! در شبانه‌روز، از دست حرص و آز چه زحمت‌ها می‌بینیم!

آه، افسوس که غفلت، بزرگ‌ترین دشمن نوع انسان است و این دشمن از تمام دوستان به شخص نزدیک‌تر است.

سعدی می‌فرماید:

بس بگردید و بگردد روزگار
دل به دنیا درنبندَد هوشیار
ای که دستت می‌رسد، کاری بکن
پیش از آن کز تو نیاید هیچ کار
این که در شهنامه‌ها آورده‌اند
رستم و رویینه‌تن اسفندیار،
تا بدانند این خداوندانِ مُلک
کز بسی خلق است دنیا یادگار

این‌همه رفتند و ما، ای شوخ‌چشم!
هیچ نگرفتیم از ایشان اعتبار
ای که وقتی نُطفه بودی در شکم
وقتِ دیگر، طفل بودی شیرخوار،
مدتی بالاگرفتی تا بلوغ
سروبالایی شدی سیمین‌عَذار
همچنین تا مردِ نام‌آور شدی
فارِسِ میدان و صید و کارزار
آن‌چِه دیدی، بر قرارِ خود نماند
وین‌چه بینی هم نمانَد برقرار
دیر و زود این شکل و شخصِ نازنین
خاک خواهد گشتن و خاکَش غبار
گل بخواهد چید بی‌شک باغبان
وَر نچیند، خود فروریزد ز بار
این‌همه هیچ است، چون می‌بگذرد
تخت و بخت و امر و نهی و گیر و دار
نامِ نیکو گر بمانَد ز آدمی
به کزو مانَد سرای زرنگار
سالِ دیگر را که می‌داند حساب؟
یا کَجا رفت آن‌که با ما بود پار؟
خفتگان بیچاره در خاکِ لَحَد
خفته اندر کلهٔ سر، مور و مار
صورتِ زیبای ظاهر هیچ نیست
ای برادر! سیرتِ زیبا بیار
هیچ دانی تا خِرَد به یا روان؟
من بگویم گر بدارِی استوار:
آدمی را عقل باید در بدن

وَرنه جان در کالبد دارد حَمار
پیش از آن کز دست بیرونت بَرَد،
گردشِ گیتی زمامِ اختیار،
گنج خَواهی، در طَلب رنجی ببر
خرمنی می‌بایدت، تخمی بکار
چون خداوندت بزرگی داد و حُکم
خُرده از خُردانِ مسکین درگذار
چون زبردستیت بخشد آسمان،
زیردستان را همیشه نیک دار
عذرخواهان را خطاکاری ببخش
زینهاران را به‌جان دِه زینهار
شُکرِ نعمت را نکویی کن، که حق
دوست دارد بندگانِ حق‌گزار
لطفِ او لطفی‌ست بیرون از عدد
فضلِ او فضلی‌ست بیرون از شمار
گر به هر مویی زبانی باشدت،
شُکرِ یک نعمت نگویی از هزار
نامِ نیکِ رفتگان ضایع مکن
تا بمانَد نامِ نیکت پایدار
مُلک‌بانان را نشاید روز و شب
گاهی اندر خَمر و گاهی در خُمار
کامِ درویشان و مسکینان بده
تا هَمه کارت برآرَد کردگار
با غریبان، لطف بی‌اندازه کن
تا رَوَد نامت به نیکی در دیار
زورِ بازو داری و شمشیرِ تیز
گر جهان لشکر بگیرد، غَم‌مدار

از درونِ خستگان اندیشه کن
وز دعای مردم پرهیزگار
منجنیقِ آهِ مظلَومان به صبح
سخت گیرد ظالمان را در حصار
با بدانِ، بد باش و با نیکان، نکو
جایِ گل، گل باش و جای خار، خار
دیو با مردم نیامیزد، مَتَرس
بَل بترس از مردمان دیوسار
هر که دَد یا مردمِ بد پروَرَد،
دیر و زود از جانَ برآرندش دَمار
با بدان چندان که نیکویی کنی،
قتلِ مارافسا نباشد جز به مار
ای که داری چشم و عقل و گوش و هوش،
پندِ من در گوش کن چون گوشوار
نشکند عهدِ من اِلا سنگدل
نشنود قولِ من اِلا بختیار
سعدیا! چندان که می‌دانی، بگو
حق نباید گفتن، اِلا آشکار
هر که را خوف و طمع در کار نیست
از خطا باکش نباشد وَز تَتار...

هرقدر در موقع رفتن، در راه، خوش گذشت، در موقع مراجعت، از خیالات و ناامیدی، به من بد گذشت. روزی و شبی نمی گذشت که پنجاه مرتبه آه نکشم و چشم‌های خود را پُر از اشک نسازم و به عاقبت و بیچارگی نوع انسان فکر نکنم.

از آن زمان، دیگر قید ابهّت و هنرفروشی را زده و در غرورِ سلطنتی خود تخفیف داده بودم. باوجودی که از مرگ بی‌اندازه هراسان و

خائف بودم، معذلک روزی نمی‌گذشت که آن را آرزو نمی‌کردم.
برای این‌که از خیالات گوناگون خسته‌کنندهٔ پُرزحمت خلاص بشوم، اغلب سرافکنده مشغول فکر بودم. تا آن‌که حال مزاجم مغشوش شد و به بی‌خوابی مُکدّری مبتلا شدم. هرشب با خوردن مقدار زیادی بُرومور، باز تا صبح بیدار بودم.
در همین اوقات، شوهرم ناخوش شد و به مرض مُزمن سوزاک مبتلا. و علّت این مطلب به‌کلی مجهول بود از من. طبیب پنهان کرده بود و به من می‌گفتند: «تب دارد.» پرستاریِ ناخوش و خیالات خودم، خیلی به من زحمت داد.
سه‌ماهه حامله بودم. خبر فوت برادرزاده‌ام را به من دادند. احترام‌السلطنه، دختر مظفرالدین شاه، در موقع تولد طفلش، مُرده بود. خیلی اسباب خیال من شد و از تولد طفلم بی‌نهایت ترسیدم.
به یکی از دکترهای بزرگ که در این‌جا اسم نمی‌برم، متوسل شده و یک حلقه انگشتری برلیانت درشت به او دادم. دوایی به من داد که طفلم را سِقط کنم.
دوا را محرمانه از اهل خانه، خوردم و پس از شش ساعت، یک عصبانیّت پُروحشتی مرا گرفت و به‌قدر دو ذرع بلند شده، به زمین خوردم.
این حال تشنج به‌واسطهٔ سمّ دوا بوده است و من ملتفت نبودم و به هیچ‌کس هم نگفتم من دوا خورده‌ام.
اطبّاء را جمع کردند. به‌هیچ قِسمی نتوانستند این حال تشنج را تخفیف بدهند.
اتصال، در تمام ساعات شبانه‌روز، در اضطراب و التهاب بودم. تمام روی قلبم لکه‌های سیاه می‌سوخت. اطباء از تشخیص مرض، بیچاره شده و نمی‌فهمیدند علّت چیست. تا این‌که من قضیه را به ایشان گفتم؛ لیکن هرچه اسم طبیب را سؤال کردند، نگفتم. بعد، دواهای ضدّ سم دادند.

با هزار زحمت، بچه سِقط شد، لیکن این حال عصبانی در من باقی ماند.
سه سال تمام به همین قِسم ناخوش بودم و عصبانی. این مرض به کلی مرا عوض کرد. تمام اخلاق و آداب من تغییر پیدا کرد. به کلی مُتلوّن، خیلی زود متغیّر و بداخلاق شدم. دیگر تحمّل هیچ قِسم ناملایمی را نداشتم. فوراً حال عصبانی من بروز می کرد و مرا در بستر بیماری و فلاکت می‌انداخت.
اطبّاء گردش را تجویز کردند.
هر عصری، کالسکه درست کرده، مجبوراً مرا گردش می‌بردند و در مغازه‌ها پیاده کرده، مشغولم می‌نمودند.
عجالتاً از دولت مرض هیستری، ما از خانه‌نشینی و حبسی یک اندازه آزاد شده بودیم. لیکن مُفتّشین زیادی با ما همراه بودند که تمام راپُرتِ سواری و گردش را باید به شوهرم بدهند.
شوهر من حالا دیگر یک بچهٔ بی‌سواد نبود؛ مردی بود هجده نوزده‌ساله و خوب گنجینهٔ سعادت خود را حفظ می کرد.
خوشگلی و طراوت من اسباب رشک و زحمت او شده بود.
اغلب می گفت: «ای کاش یک اتفاق غیرمنتظره، از قبیل آبله یا سالَک، تو را بدصورت کند و مرا از زحمت پاسبانی خلاص.»
در تمام زن‌های ایران، زنی به خوش‌صورتی و قشنگی من نبود. اغلب که در مجالس بزرگ می‌رفتم، از قبیل عروسی‌ها، اعیاد، به حضور شاه و در مواقع رسمی که تقریباً هزار نفر از شاهزاده‌خانم‌ها و خانم‌های فامیل بزرگ بودند، در میان تمام آن‌ها، هیچ کس به قشنگی من نبود. تمام مجلس مرا تماشا می کردند.
اغلب، خانم‌ها از من می‌پرسیدند: «لباس شما را کدام خیّاط دوخته؟»
درحالتی که لباس من خیلی ساده بود.
من‌هم بی‌ریا و کِتمان می گفتم: «فلان خیّاط.»

این بیچاره با یک زحمتی، عین لباس مرا تهیه می کرد، لیکن وقتی می‌پوشید، قشنگ نمی‌شد. آن‌وقت با من عداوت پیدا می کرد. مرا لعنت و نفرین می کرد.

یا می‌پرسیدند: «این پودری که به صورت زده‌اید، از کدام مغازه ابتیاع کرده‌اید؟»

من می گفتم: «از فلان مغازه.»

می‌رفت و تهیه می کرد، لیکن قشنگ نمی‌شد. باز مدعی می‌شد.

تمام زن‌های ایرانی، از بزرگ و کوچک، چه از اقوام، چه از خارج، با من در موضوع خوشگلی چهره‌ام، عداوت داشته و بیش‌تر عداوت آن‌ها شدید می‌شد وقتی می‌دیدند این خوشگلی توأم شده است با یک حُسنِ معاشرتی و یک مهربانی و اخلاق و عادات خوبی.

من خیلی میل داشتم به تحصیل. و در تمام شبانه‌روز، هر وقت فرصتی داشتم، تحصیل می کردم. از این‌رو، در حرف، در صحبت، در اخلاق و در اطلاعات، بر زن‌ها و خانم‌ها سبقت داشتم. و این بیش‌تر اسباب عداوت شده بود. مرا از هرجهت آراسته می‌دیدند.

من در تمام مدّت عمر، در تحت یک عداوت عمومی زندگانی کرده‌ام و به‌قدری این مردم به من زحمت وارد آورده، صدمه زده‌اند، که هیچ انسانی این اندازه زحمت ندیده است. لیکن هیچ‌وقت خود را نباخته‌ام و همیشه خداوند با من همراه بوده است و مرا از شرّ تمام زهرهای مهلک عداوت، محفوظ داشته است.

اما معلم عزیزم! باور کن هرگز به آزردن موری و کُشتن یک پشّه راضی نشدم. درصورتی که به‌نام عداوت‌ها و دشمنی‌ها، تلافی‌های عظیم می‌توانستم کرد. ولی در تحت سلوک و سلامت نَفس، از تمام بدی‌ها صرف‌نظر نمودم. نه از ضعفِ نَفس، بلکه از علوّ همّت و دانستن ناقابلی دنیا، جز نیکی نکردم و جز بدی ندیدم. اما هیچ‌وقت تَرک سلیقه نکردم و شکایتی نداشتم.

اما معلم من! این را هم بدانید: گذشتن ایّام و اندوه آلام، در ظاهر

جسم اثر می‌نماید، ولی بر نقش مُخلد آدمی اثری ندارد. در طبیعت، انسان به‌هرحالی که بوده، باقی می‌مانَد؛ اگرچه روزگار به یک حال باقی نمانَد. پس گویی ما را به کالسکهٔ دهر بازبسته‌اند که ما را همی‌بَرَد و طعم تغییرات و اختلافات را به ما همی‌چشانَد. گاهی پای در یک سلطنت و بزرگی گذاریم و گاهی بنده‌وار، ذلیل، خوار، بی‌مقدار، راهی وادی فراموشی و فراموش‌کاری و بی‌وفایی شویم. گاهی از لذّت، خوشی و ثروت و دوستی‌ها تمتّع یابیم. گاهی از کدورت، دشمنی و دشمنان روی تابیم. گاهی غریق نعمت و لذّت‌های روحانی وَجدی، گاهی قرین عذاب و هلاکت ابدی. و در جمع این احوال و انقلابات، بر جایی که بوده‌ایم، باقی می‌مانیم. و درحال، انقلاب و تغییر رُخ نمی‌دهد. و این خود از بوالعجبی‌های خدای یگانه است.

در این تاریخ، من ستایشگر متملق زیاد داشتم، زیرا جوان و صاحب‌ثروت بودیم هردو؛ هم زن، هم شوهر.

در این تاریخ، تمام ادارهٔ قراول خاصه با شوهرم بود و سالی تقریباً سی‌هزار تومان از این ده فوج، فایده و عایدی داشت. و به‌اضافه، در تمام تجارتخانه‌ها و بانک‌ها آبرومند بود. اگر در یک ثانیه، مبلغ‌های گزاف پول می‌خواست، فوری فراهم بود.

منزل ما برای پذیرایی دوستان و اقوام و خانم‌ها همیشه مهیّا و حاضر بود. از هیچ قِسم خرجی مضایقه نداشتیم. تمام اسباب خوشی در منزل ما موجود، و معنی سعادت و سعادتمندی به‌وضوح آشکار بود. هرکس به منزل ما وارد می‌شد، امکان نداشت بیرون برود مگر با یک هدیه یا یک تعارفی.

ما دو نفر جوان هرچه داشتیم تلف می‌کردیم و تصور می‌کردیم همیشه روزگار به‌همین منوال باقی و برقرار خواهد بود. ابداً طعم تنگدستی و عدم ثروت را نچشیده بودیم. همیشه خود را غرق در پول و برلیانت و احترام دیده بودیم. تصور می‌کردیم سرچشمهٔ

ثروت و عزّت ما هیچ‌وقت از جریان نخواهد افتاد، و این رودخانهٔ طلا و سعادت ابدی در جریان خواهد بود. غافل ازین که شاید سنگی که به‌غلط افتاد یا یک بیشه که از عدم توجه خراب شد، جلوِ این رودخانه را ببندد و ما را به تشنگی هلاک‌کننده دچار کند.

مداهنه‌گویان و متملقین هم شبانه‌روز بر این جنون و سودای ما دامن زده و سمّ مهلک غفلت را ذره ذره در کام ما می‌ریختند و باسرعت غیرقابل فکری، رو به تمامی و خرابی می‌رفتیم. و ابداً عمق این گرداب تهیه‌شدهٔ بدبختی و نیستی را نمی‌دیدیم . زیرا پردهٔ جهل بین ما و حقیقت حائل شده و متملقین بی‌انصاف روز به روز، با وصله‌های سرخ و زرد بر قعر او افزوده و ما را به رنگ‌های مختلفِ او بازی می‌دادند. ما هم به‌واسطهٔ بچّگی و نفهمی، تمام این مردم را مَلَک و مُحب و مهربان، و تمام را بی‌غرض و پاک، مانندِ قلب صاف خودِ می‌دیدیم. قلب ما دو جوان، مانند سطح دریاچه، صاف و بدون لکّه بود و هیچ قِسم از اقسام حقه‌بازی‌های نوع بشری را ندیده بود. در واقع، در مملکت زندگانی و تقلبات انسانی، غریب و ناشناس بود. و در مقابل، این متملقین بی‌انصاف آب دهان‌شان سمیّتِ افعی داشت و زخم دندان‌شان التیام‌ناپذیر بود و راهی که باکمالِ محبّت پیشنهاد می‌کردند، به اَسفل‌السافلین و قعر یک دریای پُرشور و شرر خطرناکی منتهی بود.

در تمام این دشمنان دوست‌نما و این اشخاص جوفروشِ گندم‌نما، یک نفر شخصِ باوجدانِ عاقل نبود که ما را از این ورطه خارج کرده، محضِ عالم انسانیّت، از این راه خطرناک برگردانَد. تمام مشغول خالی کردن کیسهٔ ما و پُرکردنِ جیبِ خود بودند.

در این ایّام، خیالات آتش‌زنندهٔ سوزان اینِ مُحبّان صدیق ازین حد هم تجاوز کرد. خواستند در منفعت و راه افادهٔ خود توسعه بدهند. نه تنها ما را تمام و با خاک یکسان کنند، بلکه به خارج هم دست‌درازی نمایند. شروع به تفتین بین من و شوهرم نمودند. هر

روزه، انواع و اقسام حرف‌های زشتِ رکیک از او به من و از من به او می‌زدند. زندگانی سعادتمند آزاد ما را دچار یک نوع اضطراب و انقلاب جدیدی می‌نمودند.

این دریای بی‌کران که من تنها به روشنایی ستارهٔ اقبال خود باید در او قدم بگذارم، یعنی زندگانی متّحد، پُر بود از تخته‌سنگ‌های عظیمی که اجتناب از آن‌ها محال بود.

من اگرچه خیلی پُرمتانت و سکوت بودم، لیکن باز گاهی قبول کرده، اسباب ناراحتی خود و شوهرم را فراهم می‌کردم.

به‌جهت معاشرت اتّصالی، اخلاق من و شوهرم را این معاشرین درک کرده بودند و می‌دانستند ما از هیچ‌چیز متأثر نمی‌شویم؛ نه از فقدان مال، نه از گم شدن جواهر، نه از آنتریک‌های فامیل یا نوکری، کلفتی. آن‌ها هم هیچ‌وقت از این راه‌ها داخل نشده، آن نقشهٔ آسایش را پیدا کرده بودند. و آن نقشهٔ آسایش این بود که: «فلانی! تو به این قشنگی، خوشگلی، دختر پادشاه، خانم مطلق، اول‌زنِ نجیب محترم ایران، شوهرت رفته است خاطرخواه شده است.»

می‌پرسیدم: «آخر به کی؟ بگویید!»

می‌گفتند: «خیر! ما نمی‌گوییم. شما به ایشان خواهید گفت و با ما عداوت پیدا می‌کند.»

پس ازین که من قَسَم می‌خوردم، قول می‌دادم که نگویم، می‌گفتند مثلاً فلان ضعیفهٔ فرنگی که رخت‌شوی سفارت فرانسه است.

همین راپُرت برای غصه و کدورت و بدسری و اندوه یک ماهِ من کافی بود. و پس ازین که مدت‌ها روزگار و سعادت را بر خود تلخ می‌کردم، تازه می‌گفتم به او اصل مسأله چیست و راپُرتچی کدام است. بعد از تفتیش، معلوم می‌شد دروغ است یا راست است؛ اما نه به این قِسمی که می‌گویند.

همین متملقین که از طفولیّت مرا احاطه کرده بودند و در هر بحرانی که در زندگانی من می‌شد، صورتاً تغییر کرده و سیرتاً باز از همین

جنس ندیم بودند، دو اخلاق کثیف رذلی به من آموخته بودند: یکی غرور و یکی خودنمایی. و ازین دو، تولید شده بود یک حسد خیلی پُرشدّتی نسبت به شوهرم. و او هم همین قِسم پُرغرور، بلکه یک‌قدری هم دیوانه بود. نه دیوانهٔ جسمی، بلکه دیوانهٔ روحی. برای این‌که به‌قدری در نعمت و بزرگی و استراحت بزرگ شده بود که هیچ فکر نمی‌کرد در عالم، زحمتی هم موجود است.
روزی، صحبت می‌کردیم. به او گفتم: «من اگر فلان گوشوارهٔ برلیانت را که قیمتش سه‌هزار تومان است نداشته باشم، غصّه می‌خورم.»
خندید و گفت: «مرگ من راست بگو، غصّه چه مزه دارد و از چه ترکیب می‌شود؟»
معلم من! تصور نکنید شوخی می‌کنم. خدا می‌داند باکمال بی‌خیالی گفت. و بعد از خنده‌های زیاد و تشریح غصّه، گوشواره را به من داد.
اگر این متملقین و فتنه‌گران و هوس‌های انسانی نبود، یقیناً در تمام عالم خوشبخت‌تر از ما دو نفر یافت نمی‌شد. ولی افسوس که نتیجهٔ معاشرت و اجتماع بشری ما دو نفر را بدبخت و اولاد ما را بدبخت‌تر نمود.
ای آه و افسوس! چرا در همان ایّام نمردم که طعم اختلافات و انقلابات را نچشم، و این‌قدر چیزهای غیرمنتظره و ناملایم را در دورهٔ این زندگانی نبینم؟
معلم من! باوجودی‌که من سه مرتبه خود را مسموم کرده‌ام، هنوز زنده‌ام و شرح‌حال خود را برای شما می‌نویسم. پس، علاقهٔ طبیعت و ارادهٔ خدا بَر این قرار گرفته بوده است. و من در مقابل قدرت او ضعیف شده، نتوانستم خود را از میدان مجاهدت زندگانی کنار بکشم.
شوهرم را دربارهٔ من به‌کلی ظنین کرده بودند. این بیچاره خواب و

خوراک و راحت نداشت؛ لیکن بی‌مأخذ. و من ابداً مقصر نبودم و در تحت یک بی‌خیالی و بی‌اعتنائی و خداترسی، زندگانی می‌کردم. از جهنم و عذاب خیلی می‌ترسیدم. از مرگ خیلی وحشت داشتم. همیشه در نمازها و دعاها، به درگاه خداوندی می‌نالیدم و خیر و عافیت و تسهیل مرگم را درخواست می‌نمودم. و جداً بر این بودم که همیشه با ارادهٔ قوی، خود را محفوظ داشته، به عذاب و عِقاب آخرت دچار نکنم.

این متملقین، مذهب و جدیّت من در اوامر آسمانی را هم مخالف با خیالات فاسد خود دیدند. خواستند مرا از قید مذهب خلاص کرده، بعد باکمال آسانی، از شوهرم هم جدا کنند.

یک نفر از اقوام نزدیک من که خیلی عالِم فاضل بود، ولی بی‌اندازه مرا دوست می‌داشت، بلکه یک عشق پُرشدّت و حرارت به من داشت، خود را برای این کار حاضر کرد.

به من تکلیف کرد: «فلانی! بیایید تحصیل کنید. فرانسه بخوانید. شخص بی‌سواد، انسان نیست.»

من هم به‌واسطهٔ این‌که فوق‌العاده راغب بودم، قبول کردم.

این جوان نجیب، هفته‌ای سه روز، به من درس می‌داد. در تنفس و موقع استراحت، صحبت مذهبی می‌کرد و از طبیعیون قصه می‌کرد. من در اوایل، خیلی متغیّر شده، با او مجادله می‌کردم . بعد، کم‌کم گوش می‌کردم. پس از مدتی، باور کردم.

اول‌کاری که کردم، تغییر لباس دادم: لباس فرنگی، سرِ برهنه. درحالتی‌که هنوز در ایران، زن‌ها لباس فُرم قدیم را داشتند.

پس از لباس، نماز و طاعت را هم تَرک کردم، زیرا با کُرسِت و آستین‌های تنگ لباس‌های چسبیده، وضو ساختن و نمازکردن مشکل بود.

پس از این‌که نماز تَرک شد، تمام مذاهب و اعتقادات را باطل شمرده، می‌گفتم: «رعد رعد است، برق برق. درخت فلان است،

انسان فلان.»

مثلاً من تا سن هجده‌سالگی به حرف دده‌جان معتقد بودم که زنجیر آسمان را مَلَک می‌کشد و خداوند غضب می‌کند، صدای رعد می‌آید.

ولی این معلم عزیز من به من گفت: «این‌ها لاطائل است. رعد و برق از تصادفات بخار تولید می‌شود.» و به من به‌طور علمی ثابت کرد. یا این که: «تو می‌گویی زمین روی شاخ گاو زرد ایستاده؟ دروغ است. زمین کُروی‌ست و به چیزی تکیه ندارد.»

روز به روز، هرچه در تحصیل پیش می‌رفتم، بر لامذهبی من دامن زده می‌شد تا این که به‌کلی «طبیعی» شدم.

این حرف‌ها چون برای من تازگی داشت، میل داشتم به مادرم، کسانم و بچه‌هایم تعلیم کنم.

در موقعی که شروع به صحبت می‌کردم، مادرم مرا لعنت و نفرین می‌کرد. می‌گفت: «بابی شدی!»

کسانم استغفار می‌فرستادند، دور می‌شدند، گوش نمی‌کردند. فقط متملقین و مفسدین و مغرضین خوشحال بودند و مرا تحریک می‌کردند که: «آری! راه ترقّی این است.»

انسان کامل، چون هر کس، از علم بهره می‌بَرَد؛ ولی من از علم ضرر بُردم. چون فهم اساسی دنیا و کُرهٔ زمین و زندگانی و خلقت باعث این شد که من معتقد به یک عقیده نباشم و هیچ اتکائی و ترس از کسی نداشته باشم.

پس وقتی از هیچ‌چیز نترسیدم و به‌هیچ معتقد نبودم، هیچ‌کاری را هم در دورهٔ زندگانی بد نمی‌دانستم و می‌گفتم: «آن اشخاصی که به امورات زندگانی شخصی ایراد می‌کنند، خودشان قابلِ درکِ زندگانی لذیذ نیستند؛ حسودی می‌کنند یا این که عوامِ احمق هستند، نمی‌فهمند.»

غافل ازین که من با اتّحاد یک جماعتی، احمق و عوام شدم. برای

چه؟ برای جلب نفع و فایده، که هرکس از یک راهی منتظر بود: یکی از حیثِ ترقّی، یکی از حیثِ ثروت، یکی از حیثِ لذّت، و همین قِسم، خوب مستعد شدم برای هر کاری که ضرر من در آن بود.

به‌کلّی غرق خیالات جدیدی شدم و آن عقاید کهنه به‌کلّی از ذهنم خارج شده بود.

در آن زمان، تصور می‌کردم اگر اطاعت شوهرم را نکنم، یا به حرف مادرم مطیع نباشم، ناچار در آتش جهنم می‌سوزم. پس تعبّدی و از ترس، قبول داشتم. اما حالا خیر. می‌گفتم: «انسان مختار و آزاد خلق شده. انسان خلق شده برای خورد، خواب، عیش، عشرت، آزادی.» و به‌همین قِسم، کم‌کم خیال آزادی در من قوّت پیدا می‌کرد. از بس که تاریخ و رُمان‌های فرنگی را این معلم خوانده بود و تعریف شهرهای قشنگ روی دنیا را کرده بود و به من حالی کرده بود: «دنیا فقط همین تهران نیست.»، من دیوانه‌وار میل رفتن اروپا را داشتم.

و همین میل در من قوّت گرفت و باعث متارکهٔ من با شوهرم شد....

یادداشت مستخدم سفارت‌خانه:

بقیهٔ این کتاب هنوز به‌دست نیامده است. تا این‌جا که به‌دست آمده است، از روی اصل نسخهٔ تحریری خودِ مُصنفِ این کتاب، خانم تاج‌السلطنه، صَبیهٔ مرحوم مغفورِ ناصرالدین شاه، که بنابه خواهش وَ حَسَبِ فرمایشِ حضرتِ مُستطابِ اَجَلِ عالی، آقای آقا میر محمد علی خان آزاد کابلی، معاونِ محترمِ سفارتِ جلیلهٔ دولتِ عالیهٔ افغانستان در تهران، به‌قلم این حقیر، رحمت‌الله داعی طالقانی، مُلازمِ سفارت‌خانهٔ جلیله، نقل وَ تحریر یافت.

تهران، به‌تاریخ دهم جمادی‌الثانی، مطابق ۱۶ جدی ۱۳۰۳ تمام شد.
مستخدم سفارت‌خانه

تاج‌السلطنهٔ خوشگل و عارفِ دلباخته

تاج‌السلطنه دختر زیبای ناصرالدین‌شاه در وجاهت و طنازی، سرآمد بانوان عصر خود بود و به‌اقتضای اوضاع خانوادگی، تحصیلاتی عالی و تربیتی جدید داشت.

این شاهزاده‌خانم در زمان سلطنت مظفرالدین‌شاه شوهر کرد، ولی پس از چند سال، فساد اخلاق همسرش او را به تَرک زندگی زناشویی وادار نمود و مجبور شد برای خود، زندگی مستقلی تشکیل دهد.

پس از چندی گوشه‌گیری، حُسن روزافزون و غرور جوانی او را وادار کرد که این زندگی مستقل را با تفریح و خوش‌گذرانی توأم کند و تفریح و خوش‌گذرانی نیز برای یک زن جوان، بدون معاشرت با مردان میسر نمی‌شود. پس تاج‌السلطنه هم از معاشرت با مردها ناگزیر شد و به‌خصوص برای رقابت با شوهر نالایقش، هیچ اهمیّت نمی‌داد که مردم نام بلند او را به‌زشتی یاد کنند یا برادرش مظفرالدین‌شاه از وی خشمگین گردد.

تاج‌السلطنه می‌دید همسر نالایقش هر روز با یاری و هر لحظه با دلداری به‌سر می‌بَرَد و معاشرت زن‌های نادان و ولگرد را به

مصاحبت او ترجیح می‌دهد. او هم می‌خواست انتقام این رفتار را از شوهر خویش بازستانَد و جهان را به بازی و تفریح بگیرد. البته نخستین شرط چنان بازی و تفریح، تَرک نام و ننگ گفتن است. تاج‌السلطنه هم تَرک نام و ننگ گفت و به عشاقِ دل و دین باختهٔ خویش که حاضر بودند همه‌چیز خود را فدا کنند و دَمی با او به‌سر بَرند، لبخند مهر و لطف زد و دل‌هایی را که سال‌ها از غم خون شده بود، امیدوار ساخت.

شهرت دلارایی تاج زبانزد عموم بود و اشراف‌زادگان جوان که همه‌چیز داشتند، به‌یاد روی او اشک‌ها می‌ریختند و خون‌ها می‌خوردند و دَمی همنشینی با آن شاهزاده‌خانم طناز را موجب مباهات و مایهٔ افتخار خویش می‌دانستند.

چون تاج دوستی با جوانان اشراف را آغاز کرد، گاه با هزار ناز و منّت حاضر می‌شد یکی از دوستان نویافته را نزد خود بپذیرد و احیاناً از شربت وصال خود جرعه‌ای به‌او بنوشانَد. او ناز حُسن و غرور شاهزادگی را درهم آمیخته بود و عشاق در کمال فروتنی، بنده‌وار در برابرش دست به‌سینه می‌ایستادند، یا در پیش او، دوزانو، بانهایت ادب می‌نشستند و جرأت هیچ‌گونه اظهار عشق و محبّت یا دست‌درازی نداشتند، مگر وقتی‌که باده پیش آید و شرم عاشق و حُرمت معشوقه از میان برود.

قصهٔ حُسن روزافزون تاج نقل مجالس اشراف‌زادگان تهران بود، ولی همه‌کس سعادت درک صحبت او را نداشت و از دور، دهان خود را با ذکر حلوای نام او شیرین می‌ساختند.

در همان هنگام، که هنگامهٔ عشق تاج‌السلطنه وِلوِله در شهر انداخته بود، عارف قزوینی شاعر جوان و پُرشور نیز که در مجالِس بعضی از اشراف‌زادگان راه داشت و این ماجرای جان‌سوز را می‌شنید، دل در گِروِ این محبّت گذاشت و نادیده، با خیال عشق تاج‌السلطنه خود را مشغول داشت؛ تصنیف می‌گفت و غزل می‌سُرود و برای درک

افتخار حضور و دیدار آن نازنین شهرآشوب، خویشتن را مُقدّم بر دیگران می‌پنداشت. چرا نپندارد؟ زیرا غیر از مالیهٔ دنیا، از هرجهت لیاقت چنین آرزویی را داشت.

عارف جوان و خوش‌اندام و خوش‌رو بود. عمامهٔ کوچک سفید و عبا و لبادهٔ فاخر و کفش فرنگی می‌پوشید و به‌صورت ظاهر، از اشراف‌زادگان چیزی کم نداشت و از صورت ظاهر که می‌گذشت، شاعری بود جوان و دل و مغزش آکنده از احساسات رقیق و عواطف شورانگیز. شعر خوب می‌گفت، در تصنیف‌سازی اعجاز می‌کرد، حنجرهٔ داوودی داشت و آوازش مرغ هوا را از پرواز بازمی‌داشت. این مزایا و هزار مزیّت دیگر که یکی از آن‌ها در هیچ‌یک از اشراف‌زادگان وجود نداشت، در عارف جمع شده بود و بنابراین حق داشت خود را بیش‌تر در خور وصال تاج بداند. ولی با تمام این احوال، حساب عارف غلط بود. چه عارف نه اشراف‌زاده بود و نه پول‌دار؛ فهم و ذوق هم که حتی در عالم سیاست و امور اداری کشور ما به‌درد نمی‌خورَد، در عالم عشق‌بازی مسلماً ارزشی ندارد. پس عارف می‌بایست یا این اندیشه را از سر به‌در کند، یا بسوزد و به‌خیال یار بسازد و در وصف او بگوید:

تو ای تاج! تاجِ سرِ خُسروانی
شد از چشم مَستِ تو، بی‌پا جهانی
خدا را، نگاَهی به ما کن
به عارف، خودی آشنا کن.

آری، عارف می‌سوخت و می‌ساخت و آرزو داشت که اگر برایِ یک چشم به‌هم زدن هم شده، روی دل‌انگیز شاهزاده‌خانم را ببیند. اما این آرزو میسر نمی‌شد و در این اندیشه، ایّام را به‌سختی می‌گذرانید.

اُردی‌بهشت‌ماه سال **۱۳۲۳** قَمَری بود. هوای تهران حرارت مطبوعی داشت و بوی جانبخش بهار جوانان بانشاط و سبُک‌سر را به‌سوی صحرا می‌خواند.

روزی عارف گردش‌کنان خیابان‌های غربی تهران را پیمود و مسافتی از شهر دور شده، به درِ باغ بزرگی رسید. ظهر نزدیک بود. عارف زیر سایهٔ درخت‌های کُهن‌سال جلوِ باغ نشست و عمامه از سر برداشته، سر را روی دست خویش گذَاشت و آهسته، با لحن جان‌سوزی، زمزمه نمود.

پس از چند دقیقه که عارف در میان سکوت صحرا، با بهار و طبیعت راز می‌گفت، صدای چرخ کالسکه‌ای که از سر کوچه به‌سوی باغ جلو می‌آمد او را به‌خود آوَرد. پس از چند دقیقه، کالسکه‌ای به در باغ رسیده، توقف کرد. کالسکه‌چی پایین آمده، در زد. به‌زودی درِ باغ باز شد. سپس کالسکه‌چی درِ کالسکه را گشود و یک خانم جوان چاق طنّاز با لباس‌های فاخر پایین آمده و دو خدمتکار زیبا از جنس لطیف نیز به‌دنبال او بیرون آمدند و به داخل باغ رفتند.

عارف از دیدن این منظرهٔ ایده‌آلی مبهوت مانده، مرغ دلش از شادی پَر می‌زد. زنی را دید با جمالی روشن‌تر از ماه و پیکری لطیف‌تر از گل که آثار عظمت و متانت از ناصیه‌اش پیدا بود.

وقتی کالسکه‌چی می‌خواست بازگردد، عارف که از دیدن آن قیافهٔ بهشتی بی‌تاب شده بود، جلو رفت و از کالسکه‌چی نام آن مسافر زیبا را پرسید. ولی کالسکه‌چی گذشته از آن‌که وی را معرفی نکرد، دو فحش آب‌دار نیز نثار عارف نمود و شلاق به اسب‌ها زده، کالسکه را به راه انداخت.

عارف با این‌که وقت ظهر بود و می‌بایست تا شهر برای ناهار خوردن مسافتی زیاد راه برود، نتوانست از آن‌جا حرکت کند. پیش خود، قیافه‌ای را که دیده بود با قیافهٔ احتمالی تاج تطبیق می‌کرد و یقین داشت که این نعمت غیرِمُترقب همان است که مدت‌ها آرزوی

دیدار او را داشته است.

عارف با خود در این اندیشه‌ها بود که دو نفر جوان اشرافی سوار بر اسب به در باغ رسیده، از اسب پیاده شدند. همین‌که در باغ باز شد، عارف نیز به‌دنبال ایشان به داخل باغ رفت. عارف آن دو را نمی‌شناخت. ایشان نیز او را نمی‌شناختند، ولی تصور می‌کردند از همراهان خانم تاج‌السلطنه است. پس چیزی به او نگفتند. نوکرها و خدمتکاران ظریف به مهمانان تعظیم می‌کردند و ایشان از خیابان پُرگل و سُنبُل گذشتند تا به عمارت رسیدند. یک زن جوان پیش آمده، تعظیم کرد. مهمانان خواهش کردند که ورود ایشان را به خانم اطلاع دهد. خدمتکار رفت و پس از چند دقیقه بازگشته، گفت: «بفرمایید.» و ایشان را به اتاق کنار تالار راهنمایی کرد. عارف نیز خود را جُزءِ مهمانان انداخته بود، ولی دلش به‌سختی می‌زد که مبادا با افتضاح بیرونش کنند.

وقتی مهمانان وارد اتاق شدند، تاج با اندام زیبا و عارض چون ماه و متانت و بزرگی بسیار، غرق در لباس‌ها و جواهر گران‌بها، روی صندلی راحت نشسته بود.

واردین به خانم تعظیم کردند و خانم با تبسّمی جان‌بخش، به ایشان جواب داد و به مهمانی که جلو می‌رفت گفت: «نظام‌السلطان! بنشین. به همراهانت هم بگو بنشینند.»

خانم تصور می‌کرد عارف همراه نظام‌السلطان است. نظام‌السلطان باکمال ادب نشست و رفیق نظام‌السلطان که رحیم‌خان خوانده می‌شد با عارف در پایین اتاق، روی زمین، دوزانو نشستند.

عارف محو جمال تاج گردیده و چنان مبهوت شده بود که گرسنگی و خستگی را از یاد بُرده بود.

در همین وقت، سه تن از خدمتکاران زیبا حاضر شده، خوراک‌های رنگین و نوشیدنی‌های گوناگون آوردند. یکی از آن‌ها هم، با اجازهٔ خانم، ساقی مجلس شد.

نظام‌السلطان در خوراک و مشروب با خانم شرکت داشت، ولی رحیم‌خان و عارف در پایین اتاق، بزمی جداگانه داشتند.
پس از آن‌که سرها از نشئهٔ میِ ناب گرم شد، خانم به رحیم‌خان گفت: «رحیم‌خان! پنجه‌ای نرم نَمی‌کنی؟»
رحیم‌خان به‌علامت اطاعت و احترام، تعظیم کرد و از خدمتکار مجلس ساز خود را خواست. ساز رحیم‌خان را آوردند. فوری ساز را کوک کرد و شروع به نواختن نمود.
تجّمل آن مجلس عالی با نغمات دلکش ساز و نشئهٔ شراب، آن‌هم در حضور تاج‌السلطنه، چنان عارف را به نشاط آورده بود که تا سال‌ها این مجلس را فراموش نمی‌کرد.
در این هنگام، تاج‌السلطنه به نظام‌السلطان گفت: «نظام‌السلطان! این آشیخ چه‌کاره است؟»
عارف که دید نزدیک است مُشتش باز شود و با افتضاح از مجلس بیرونش کنند، پیش از آن‌که نظام‌السلطان جواب خانم را بگوید، در همان دستگاهی که رحیم‌خان می‌زد، شروع به آواز خواندن کرد. به‌طوری لحن دلکش او در خانم و نظام‌السلطان مؤثر افتاد که بی‌اختیار به او «بَه‌بَه» و «آفرین» گفتند.
پس از این‌که آواز تمام شد، خانم پرسید: «جناب آشیخ! اسمت چیست؟»
عارف خود را معرفی کرد. تاج او را نشاخت، ولی نظام‌السلطان عارف را شناخت و معرفی کرد.
خانم گفت: «پس معلوم شد تو ناخوانده امروز به مهمانی ما آمده‌ای و اگر این آواز را نداشتی، به باغبان می‌گفتم تو را زیر دسته‌بیل لِه کند. ولی با این هنری که داری، باید در خدمت ما باشی و پس از این هم گاهی پیش ما بیا.»
عارف از الطاف خانم تشکر کرد و روز را به‌شادی گذراند و عصر، پس از آن‌که کالسکهٔ خانم به‌سوی شهر حرکت کرد، عارف هم

سوار اسب، با همپیاله‌های دلباخته، نظام‌السلطان و رحیم‌خان، به شهر بازگشت و پس از آن نیز پیوسته در سِلک دوستان صمیمی نظام‌السلطان به‌شمار می‌رفت.

تصنیفِ ششم (افشار)

یک‌سال پس از مسافرتِ طوالش و رشت، در طهران، به‌جهت خانم تاج‌السلطنه ساخته‌ام.
شعر اول این تصنیف این بود: «کند افتخار از تو تاج کیانی.» چون دیدم این توهین بزرگی است نسبت به یک تاجی که آن سال‌های دراز تاج افتخار و شرافت ملّی بوده است که بدبختانه به‌واسطهٔ جهالت، آن شرافت ملّی خود را فراموش کرده است، مثل این‌که هیچ‌وقت فراموشم نخواهد شد و الحق فراموش‌شدنی هم نیست، که موقع عقب‌نشینی از جنگِ روس‌ها، بعضی از ژاندارم‌ها و مجاهدین نزدیک بیستون که رسیدند، تمثال بی‌مثال داریوش را که نام و نشانش از افتخارهای دیرین این ملّت حق‌ناشناس است، بنا کردند به شلیک و قریب چندصد فشنگ بر آن کوه باشکوه خالی نمودند؛ کوهی که وقتی کمر چرخ در مقابل عظمت آن خَم بود. تا وقتی که یک نفر سوئدی یا آلمانی رسیده و فریاد زد که: «چه دشمنی با شرافت ملّی و تاریخی خود دارید؟» این بود دست کشیده و رفتند به جایی که عرب رفت و نی انداخت.
باری، برای این‌که روزی هدف ملامت بعضی ایرانی‌های باریک‌بین نباشم، مصرع را «تو ای تاج! تاج سرِ خُسروانی» نوشتم، ولی اگر توهین‌هایی را که از سال‌ها بدینَ طرَف، بدین تاج وارد آمده و اشخاص نالایق آن را بر سر کرده ملاحظه نماییم، خواهیم دید در مطلبِ مصرعِ اولی هم مبالغه‌ای نیست.

(۱)

تو ای تاج! تاجِ سرِ خُسروانی
شد از چشمِ مستِ تو، بی‌پا جهانی
تو از حالتَ مُستمَندان چه پُرسی؟
تو حالِ دلِ دردمندان چه دانی؟
خدا را، نگَاهی به ما کن
نگاهی برایِ خدا کن
به عارف، خَودی آشنا کن
دو صد دردِ من
از نگاهی دوا کن
حبیبم، طبیبم، عزیزم!
تویی درمانِ دردم
ز کویَت برنگَردم
به هجرَت درنَبَردم
به‌قُربانِ تو گردم.

(۲)

ز مُژگان، دو صد سینه آماج داری
دلِ سنگ در سینهٔ عاج داری
سرِ فتنه و عزمِ تاراج داری
ندانم چه بر سَر تو ای تاج داری.
به کویِ تو، غوغایِ عام است
چه دانی که عارفَ کدام است
مِی‌ات در صُراحی مُدام است
نظر جُز به‌رویِ تو بر من حرام است
تو شاهی، تو ماهی
الهی، گواهی

تو یکتا در جهانی
تو چون روح و روانی
ز سر تا پا، تو جانی
خدایِ عاشقانی.

از کتابِ عارفِ قزوینی، شاعرِ ملّیِ ایران
تدوینِ سیّد هادی حائریَ (کورش)